KOREAN SPEAKING
· DISCUSSION ·

시사북스
Hangul PARK®

서 문

이 교재는 한국어 학습자의 회화 능력을 높이기 위해 기획되었다. '말하기'는 일상적이고 친근한 회화 능력을 기본으로 하며 면대면 구두 상호작용을 전제로 한다. 『Korean Speaking』의 집필진 모두는 짧지 않은 동안 한국어 교육 현장에서 외국인을 가르친 교사이자 연구자로, 기존의 한국어 말하기 교재가 온전한 회화 능력을 길러 주기에는 다소 미약하다는 문제의식을 가지고 교재 개발에 참여하였다.

지금까지의 말하기 교재의 대화문은 목표 문법이나 어휘를 가르치기 위한 수단으로서 고안된 것이었고, 거기에다가 기능과 주제까지 담아내어야 했기에 자연스러움이나 실제성을 가지기 힘들었다. 말하기 교재에 포함되어 있는 문법 설명 또한 문어 문법 중심의 설명에 구어 문법이 보조적으로 덧붙여진 경향이 강하여 진정한 의미에서 한국어 회화 능력을 키우기 위한 것이라고 하기 어렵다. 이러한 한국어 말하기 교재나 교육의 문제점은 평가 분야에도 이어져서 진정한 회화 숙련도와 구두 상호작용 능력을 추정하지 못한 채 듣기와 읽기의 이해 능력, 어휘와 문법적 지식을 측정하는 것에 치중하거나 대체되는 불합리성을 보이고 있다.

반나절이면 지구 반대편으로 날아가서 대화 상대자를 만날 수 있고, 비행기를 타는 것이 여의치 않으면 전자통신 기술을 이용해서 구두 의사소통을 할 수 있는 이 시대에 '말하기'는 그 어떤 언어 기술보다도 중요하고 필수적이다. 한국어 학습의 다양한 목적을 충족하기 위한 교재는 이미 5천 종 가까이 나와 있음에도 이렇게 12권의 연작 교재를 기획하고 개발한 것은, 즉각적이고 자연스런 한국어 구사력에 대한 학습자의 요구가 갈급하다고 판단하였기 때문이다.

『Korean Speaking』 고급 교재의 대표적인 특징은 다음과 같다. 첫째, 특정한 장르에 전형적으로 사용되는 구어 문법 항목과 그것이 포함된 모범담화를 제시하여 해당 장르를 능숙하게 다룰 수 있는 한국어 구어 숙련도를 기를 수 있다. 둘째, 일상대화, 스토리텔링, 발표, 토론 등 '장르'를 중심으로 하여 준비, 모범 담화, 연습, 활동, 정리와 평가 등의 메뉴를 마련했기 때문에 적절하고도 총체적인 구어 능력을 키울 수 있다. 셋째, 고급 단계 수업을 처음 맡은 초보 교사라도 본 교재가 제시한 순서대로 수업을 쉽게 이끌어 갈 수 있도록 배려했으며 예기치 않은 상황에서 응용할 수 있는 교수 기법을 포함시켰다. 넷째, 해당 장르에 부합하는 가장 전형적인 구어 표현을 즉각적으로 생산해 낼 수 있도록 빈도 높은 표현 구문을 목록화하여 제시하고 다양한 연습 유형을 제시하였다. 다섯째, 구체적인 맥락과 나선형으로 교수요목이 제공되었기 때문에 고급 단계 학습자가 원하는 자가 학습이 가능하다.

본인과 고급 교재를 함께 쓴 오승영, 강혜옥, 홍은실, 박민신 선생은 그간 국내외 한국어 교육 현장에서 겪었던 구어 능력 교수의 어려움을 극복하고 한국어 학습자의 고급화된 구어 의사소통 능력을 높이기 위해 여러 차례 회의와 토론, 집필, 수정, 보완 등을 했다. 그 결실로 『Korean Speaking』 12권 완판을 세상에 내놓게 되었다. 구나 절 중심의 말하기 단위를 분석하고, 기존의 문법서에서는 결코 기댈 수 없는 구어 문법의 설명력을 갖추기 위해 서로 지치도록 토론하고 수정, 보완하였지만 여전히 부정확하거나 다듬을 내용이 많을 것으로 짐작한다. 부디 이 책을 사용하는 한국어 교사와 연구자들의 많은 질책과 바로잡음이 있기를 기다린다. 우리는 결코 한국어 말하기 교육의 질적 향상을 위한 논의에 게으름을 피우지 않을 것이다.

이 책이 나오기까지 지원을 아끼지 않으신 한글파크의 엄호열 회장님과 성가신 일을 감당하느라 고생하신 출판 담당자들께 감사드린다. 끝으로 까다로운 한국어 구어 연구에 관심을 가지고 매진하고 있는 분들에게 '끝까지 함께 하자'고 말하고 싶다.

집필자를 대표하여 지현숙

이 책의 사용법

『Korean Speaking』은 모두 12권으로 이루어졌으며 초급, 중급, 고급 각각 4권으로 구성된다. 초급은 '상황'과 '기능'을 중심으로, 중급은 '주제'에, 고급은 '장르'에 기반을 두고 교육과정이 마련되었다. 각 권은 90분 수업을 기본으로 매일 2차시의 수업을 지속하면 4주 만에 끝낼 수 있도록 설계되었다. 따라서 한국어 자모음을 알고 발음하는 데에 능숙한 정도의 학습자가 회화 능력을 집중적으로 숙련하고 싶다면, '매일' '한 달에 한 권씩 지속해서' 공부함으로써 1년에 12권을 모두 마칠 수 있다. 가장 이상적인 교수-학습이 이루어질 경우라면 고급 교재는 이틀에 한 단원씩 한 달에 10개과를 학습하도록 설계되어 네 권을 마치는 데 4개월가량 소요될 것이다.

『Korean Speaking』 고급 단계의 교재에 반영된 장르 기반 접근법(genre-based approach)은 말 그대로 서로 다른 텍스트 유형, 즉 장르를 중심으로 언어 교육과정을 설계하는 것을 말한다. 고급 수준의 한국어 학습자는 전문적이고 학술적인 주제를 접할 수밖에 없는데 이때 그들의 한국어 말하기 능력을 '장르'에 기반을 두고 숙련한다면 보다 고도화되고 효율적인 교육과정이 실천될 것이다. 고급 수준 한국어 학습자와 교사는 본서에서와 같이 '텍스트'와 '언어 구조'가 결합된 장르 기반 교재를 통해 특정 주제에 대한 내용 지식을 함께 쌓아갈 수 있을 것이다. 고급 단계의 교재 네 권은 각각 일상대화, 스토리텔링, 발표, 토론의 장르로 구성되었다. 12권 Discussion 주제로 구성된 본 교재는 다음과 같은 방식으로 수업을 진행하는 것이 바람직할 것이다.

제 1 과 채식, 최고의 식습관인가? 수업지도안

1차시

10분 준비 1: 학습자에게 책이나 인터넷, 잡지 등을 이용하여 채식주의의 유형에 대해 조사해 보도록 한다.

10분 준비 2: 학습자들이 조사한 채식주의의 유형들은 어떤 것들이 있는지 교실에서 함께 이야기한다.

10분 준비 3: '공장형 축산', '채식주의', '채식', '육식' 등의 핵심어로 검색해서 어떤 동영상들이 있는지 찾아본다. 첫 시간이기 때문에 학생들이 미리 과제를 하지 못하고 수업에 참여할 가능성도 있고 동영상 검색 자체가 불가능한 상황일수도 있다. 이 경우에는 학생들이 교실에서 각자 자신의 스마트폰을 이용해 동영상을 보고, 채식의 유형에 대한 조사를 할 수 있도록 해도 좋고 이 방법도 힘들면 교실에서 교사가 찾아온 동영상을 함께 시청해도 괜찮다.

[10분] **준비 4:** 학습자들과 함께 본 동영상에 대해 아래 세 가지 질문에 답을 구하는 방식으로 다 같이 이야기를 나눈다.

- 무슨 내용입니까?
- 어떤 장면이 인상 깊었습니까?
- 왜 그 장면이 인상 깊었습니까?

[10분] **준비 5:** 학생 자신이나 주위 사람 중에 채식주의자가 있다면 다음 질문을 중심으로 채식을 하게 된 계기, 채식의 장단점 등을 물어보도록 한다. 만약에 학습자 주변에 채식주의자가 없다면 연예인 같은 유명인 중에서 한 명을 찾아 채식과 관련한 인터뷰 내용을 조사해 보도록 지도한다. 첫 시간이기 때문에 학생들이 미리 주변 사람들을 대상으로 인터뷰를 하지 못하고 수업에 참여할 가능성도 있고, 유명인의 사례를 인터넷으로 검색해 보는 것이 불가능한 환경일 수도 있다. 그런 경우에는 교사가 유명인의 채식에 관한 인터뷰나 채식주의자의 일상을 다룬 동영상을 미리 준비해서 함께 시청해도 좋다.

- 어떤 음식을 안 먹는 채식주의자입니까?
- 채식을 한 지 얼마나 되었습니까?
- 채식을 하게 된 계기는 무엇입니까?
- 채식을 하면서 좋은 점은 무엇입니까?
- 채식을 하면서 겪는 불편함은 무엇입니까?
- 채식주의자라는 걸 알렸을 때 주변 사람들의 반응은 어땠습니까?

[10분] **준비 6:** 채식주의자들의 경험을 조사한 내용은 네 명씩 모둠을 만들어 서로 이야기하도록 한다. 상황의 제약으로 사례 수집이 충분하지 못할 경우 모둠 활동 대신에 전체 학생들이 함께 이야기를 나누는 방식으로 진행해도 좋다.

[10분] **준비 7:** 인터넷이나 책, 잡지 등을 이용하여 채식의 장점과 단점에 대해 조사해 본다. 첫 시간이기 때문에 학생들이 미리 과제를 하지 못하고 수업에 참여할 가능성도 있고, 인터넷 검색이 불가능한 환경일 수도 있다. 그런 경우에는 교사가 채식 논란을 다룬 동영상을 미리 준비해서 함께 시청해도 좋다.

20분 **준비 8:** 채식의 장점과 단점에 대해 조사한 내용은 네 명씩 모둠을 만들어 서로 이야기하도록 한다. 10분 정도 모둠별로 이야기를 나눈 후 그 내용을 정리해서 발표를 하도록 지도한다. 전체 내용을 한 번에 확인할 수 있도록 학생들이 발표하는 내용을 칠판에 적어 놓고 마지막에 정리를 해도 좋다.

2차시

15분 **내용 이해 :** 채식주의에 대한 토론을 듣는다. 일러스트를 보고 어떤 장면일지 상상해 보도록 한 다음에 들으면 학습자의 흥미를 유발하고, 내용 이해에도 도움이 된다. 처음 들을 때에는 대략적인 흐름을 이해하는 데에 목적을 두고 '듣기 Cue'에 집중하여 남자와 여자 중에서 채식주의에 찬성하는 사람이 누구인지를 찾아보게 한다. 두 번째 듣기를 할 때에는 주장의 근거, 대화에서 알 수 있는 내용 등 세부적인 내용을 이해하는 것을 목적으로 하여 들은 후에 '내용 이해 질문'에 답을 하도록 한다. 학습자의 대다수가 충분히 이해하지 못했다면, 한 번 더 들어 봐도 좋다.

15분 **단어:** 듣기에서 나온 새로운 어휘의 의미를 이해한다. 학습자들 스스로가 사전을 이용하여 단어의 뜻을 찾아보도록 할 수도 있고, 모둠별로 서로 모르는 단어의 의미를 설명할 수도 있다. 교사는 학습자가 스스로 찾기 어려운 단어, 다의어의 의미 등을 설명해 주면 좋다.

60분 **표현:** 듣기에서 나온 새로운 표현의 의미와 활용, 토론에서의 기능을 이해한다. 표현이 사용된 예문을 먼저 확인한 다음에 맥락을 통해 무슨 의미일지 추측해 보도록 하고 교사가 설명을 하면 학습자의 흥미와 집중력을 증대시킬 수 있다. 그리고 표현의 형태, 의미와 기능에 대한 설명이 끝난 다음에 학습자에게 학습한 표현을 활용하여 짧은 문장을 만드는 말하기 연습을 시키면 학습자의 이해도를 점검할 수도 있다. 이때, 학습자가 부정확하게 말한 부분은 '자가 수정→동료 수정→교사 수정'의 단계를 거쳐 고쳐 말할 기회를 주고, 추가 설명이 필요한 부분은 교사가 다시 설명을 해 주면 좋다.

3차시

30분 **연습:** 전날 학습한 단어와 표현을 연습한다. 빈칸에 알맞은 단어를 넣어 말하기, 단어의 다양한 의미를 이해하고 사용하기, 주어진 표현을 사용하여 말하기, 알맞은 표현을 골라 말하기를 두 명씩 짝을 지어 연습한다. 짝과의 연습이 끝난 다음에는 전체 활동으로 다시 한 번 말하기 연습을 해 본다. 두 번의 활동을 함으로써 학습자들에게는 말할 기회를 더 줄 수 있고, 전체 활동을 함으로써 교사가 학습자의 이해 정도를 확인할 수 있다.

30분 활동 1: 원활한 토론을 위해 다섯 범주로 나누어 채식주의와 관련된 단어를 정리하는 활동을 한다. 다섯 모둠을 만들어 모둠별로 하나의 범주를 주고, 거기에 속하는 단어들을 조사하여 발표하도록 하면, 시간을 절약할 수 있고, 학생들에게 말하기 기회를 더 많이 줄 수도 있다. 이때, 학생들이 발표하는 내용은 반 전체가 확인할 수 있도록 칠판에 판서를 하면 좋다.

영양소	단백질,
식품	육류,
건강	어지럽다,
가축	비좁은 우리,

30분 활동 2: 다음 순서에 따라 카드를 뽑아서 나온 표현을 사용하여 주장하는 말하기를 한다. 표현을 연습하는 활동이므로 학습자들이 말할 내용에 부담을 갖지 않도록 전날 [준비 4]에서 정리한 내용을 적극적으로 활용하도록 지도한다.

① 카드를 한 장씩 뽑게 한다. 그리고 학습자 자신의 차례가 오면 반드시 이 표현을 사용해서 주장하는 말하기를 해야 함을 주의시킨다.

-지 않을까요?
-지 않나요?
-ㄴ/는다고 생각해요.
-ㄴ/는다고 봐요.
-(으)ㄴ/는 것 같아요.

② 첫 번째 사람은 채식의 장점에 대해 주장하고, 옆 사람은 단점에 대해 이야기를 한다. 그리고 또 다음 사람은 다시 장점에 대해 이야기를 해서 꼬리에 꼬리를 물고 반 전체가 모두 한 번씩 주장하기를 연습해 볼 때까지 반복한다.

4차시

20분 활동 3: 생각이 같은 두 명이 짝이 되어 채식주의에 대한 주장과 근거를 말하는 활동이다. 찬성과 반대 어느 한 쪽으로 학생들의 의견이 몰린다면 제비뽑기 등을 활용해서 균형을 맞춰 줘야 이후 토론(4번 활동)이 활발하게 이루어질 수 있다. 토론에 익숙하지 않은 학생들은 상대방의 말을 듣지 않고 준비한 내용만 일방적으로 말하는 경향이 있기 때문에 원활한 토론이 이루어지기 어렵다. 따라서 다음의 주어진 형식을 활용함으로써 근거와 반론, 이에 대한 반박의 연속체가 진정한 의미의 토론이 됨을 학습자들이 체득할 수 있도록 한다.

주장	채식주의에 찬성합니까, 반대합니까?	
근거 채식주의에 찬성 혹은 반대하는 이유는 무엇입니까?	예상되는 반론 당신과 다른 입장에 있는 사람들은 어떤 이유에서 채식을 반대 혹은 찬성합니까?	반박 당신과 다른 입장에 있는 사람의 생각을 반박할 수 있는 근거는 무엇입니까?
결론	채식주의에 대한 자신의 주장과 근거를 정리해보세요.	

30분 연습: 네 명씩 모둠을 만들어 채식주의에 대해 토론해 본다. 2번 활동을 함께 한 두 명이 한 팀이 되어 토론에 참여하도록 하면 승부욕을 자극하여 흥미진진한 토론이 이루어질 수 있다. 또한 상대방의 말을 듣고 그에 대한 반론을 제기하는 쌍방향 소통이 가능하도록 토론 중 상대방의 논지를 간단하게 적도록 하여 메모하기의 중요성을 인지하도록 한다.

찬성	반대

20분 활동 5: 모둠별로 한 명씩 앞에 나와 토론한 내용을 정리하여 말한다. 이 활동을 통해 모둠 스스로는 자신들이 참여한 논리의 흐름을 확인함으로써 토론 능력을 점검할 수 있는 기회가 되고, 반 전체로는 다른 모둠의 토론 내용을 알아 간접적으로 풍부한 토론을 경험할 수 있게 한다.

10분 정리 1: 오늘의 '토론 왕'을 뽑는다. '토론 왕'을 뽑는 과정을 통해 이상적인 토론자의 모습과 토론 태도 등을 점검하고, 자신의 토론 실력을 간접적으로 평가할 수 있다. 매 시간 '토론 왕'을 뽑아 학용품과 같은 간단한 상을 줘서 학습자들의 적극적인 참여를 독려해도 좋다.

5분 정리 2: 자가 평가를 하여 학습자 스스로의 토론 실력을 확인해 본다. 여러 가지로 요구되는 토론 능력 중에 해당 과에서 목표로 하는 기능을 중점적으로 평가한다. 시간이 부족하다면 자가 평가는 숙제로 내 주어도 좋다.

평가기준	잘함	보통	못함
채식에 대한 자신의 생각을 근거를 들어 말할 수 있었습니까?			
완곡하게 주장하기에 필요한 표현을 잘 사용할 수 있었습니까?			
상대방의 말을 듣고 주장의 핵심을 이해할 수 있었습니까?			
상대방의 주장에 근거를 들어 반대할 수 있었습니까?			
총평 및 보완점			

5분 활동 3: 두 명씩 짝을 지어 토론의 내용을 바탕으로 채식에 대한 주장과 근거를 말한다. 서로의 말하기에 평가를 해 주어도 좋다. 시간이 부족하다면 숙제로 내 주어도 좋다.

목 차

서문 2
이 책의 사용법 4

제1과	채식, 최고의 식습관인가?	12
제2과	아이를 낳고 키우는 건 엄마의 몫인가?	24
제3과	스마트폰, 진정 우리 삶에 유익한가?	36
제4과	외모도 경쟁력인가?	48
제5과	출석률, 성적에 반영해야 하는가?	60
제6과	게임 규제, 자율권 침해인가?	72
제7과	연예인의 사생활, 공개해야 하나?	84
제8과	가정에서의 체벌, 교육인가? 폭력인가?	96
제9과	동거, 결혼 제도의 대안인가?	108
제10과	대학 교육, 선택인가? 필수인가?	120

부록 듣기 지문 134

* '듣기' 파일은 랭기지플러스 홈페이지(www.langpl.com)에서 MP3 파일로 제공하고 있습니다.

KOREAN SPEAKING
· Discussion ·

01 채식, 최고의 식습관인가?

준비

준비 1. 책이나 인터넷, 잡지 등을 이용하여 채식주의의 유형에 대해 조사해 보세요. 조사한 내용을 함께 말해 보세요.

준비 2. '공장형 축산', '채식주의', '채식', '육식' 등의 핵심어로 동영상을 찾아보고 인상 깊었던 점을 함께 말해 보세요.

▶ 무슨 내용입니까?

▶ 어떤 장면이 인상 깊었습니까?

▶ 왜 그 장면이 인상 깊었습니까?

Korean Speaking-Discussion

준비 3. 여러분 자신이나 주위 사람, 혹은 유명인 중에 채식주의자가 있습니까? 어떤 계기로 채식을 시작하게 되었는지, 채식을 하면서 경험한 장점과 단점은 무엇이 있는지 알아보세요. 그리고 네 명씩 모둠을 만들어 조사한 내용을 함께 말해 보세요.

> ▶ 어떤 음식을 안 먹는 채식주의자입니까?

> ▶ 채식을 한 지 얼마나 되었습니까?

> ▶ 채식을 하게 된 계기는 무엇입니까?

> ▶ 채식을 하면서 좋은 점은 무엇입니까?

> ▶ 채식을 하면서 겪는 불편함은 무엇입니까?

> ▶ 채식주의자라는 걸 알렸을 때 주변 반응은 어땠습니까?

준비 4. 채식의 장점과 단점에 대해 조사해 본 다음에 네 명씩 모둠을 만들어 조사한 내용을 서로 말해 보세요. 그리고 그 내용을 정리해서 앞에 나와 말해 보세요.

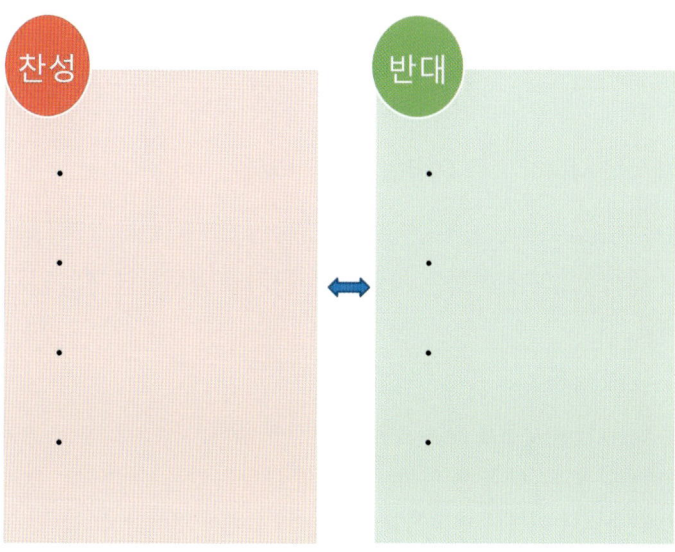

01 채식, 최고의 식습관인가? _13

예시 담화 🎧 01

듣기 회사 동료끼리 회사 근처 식당에서 점심을 먹으면서 채식에 대한 자신의 생각을 이야기합니다. 남자와 여자 중에서 채식주의에 찬성하는 사람은 누구인가요? 잘 듣고 말해 보세요.

내용 이해 질문

1. 남자가 햄이랑 베이컨을 빼 달라고 한 이유는 무엇입니까?

2. 남자가 채식을 시작하게 된 이유는 무엇입니까?

3. 대화에서 채식주의에 찬성하는 사람이 든 근거와 일치하면 '참', 일치하지 않으면 '거짓'으로 대답하세요.

   1 채식을 하면 소화가 잘 된다. ( )
   2 채식을 하는 것이 운동을 하는 것보다 건강에 좋다. ( )
   3 채식을 해도 견과류나 콩을 먹어서 영양의 균형을 맞출 수 있다. ( )
   4 채식이 확산되면 지금의 비윤리적인 축산 방식에서 벗어날 수 있다. ( )

4. 대화에서 들은 내용과 일치하면 '참', 틀리면 '거짓'으로 대답하세요.

1 채식을 하는 사람은 동물을 키우는 사람이 많다. ( )
2 채식을 하는 사람은 모두 생선과 유제품을 먹지 않는다. ( )
3 콩을 너무 많이 먹으면 오히려 건강에 좋지 않을 수 있다. ( )

단어

채식	한약	권리	어지럽다	육류
채소류	골고루	단백질	견과류	보충하다
영양	소화	식물성	동물성	대체하다
섭취하다	소비	비좁다	우리	가두다
사육	비정상적	축산	비약이 심하다	보장하다
채식주의자	유일하다	유제품	도덕적	우월하다

표현

표현 1. -기 위해(서)

A: 육류 대신 단백질을 섭취하기 위해 콩을 너무 많이 먹게 되면 몸에 좋지 않다는 기사를 본 적도 있어요.
B: 그래도 고기를 먹을 때 생기는 단점보다는 채식의 단점이 적은 건 확실한 거 같아요.

A: 건강을 위해서는 육류와 채소류를 골고루 먹는 게 더 좋지 않나?
B: 단백질은 고기 대신 콩이나 견과류로 보충하면 되니까 영양에도 문제가 없어요.

A: 동물의 권리를 보장하기 위한 다른 방법도 분명히 있는데 채식주의자들 중에는 채식만이 유일한 방법인 것처럼 생각하는 사람들이 많은 것 같아요.
A: 한국에 유학 오기 위해서 2년 동안 준비했어요.
A: 교수님을 만나기 위해서 한 시간이나 기다렸어요.

1 '-기 위해(서)'는 동사 뒤에 붙어 어떤 행위를 하는 목적을 나타낸다.

2 '-(으)려고'와 유사한 의미이지만 토론이나 발표와 같은 공식적인 말하기 상황에서는 '-기 위해(서)'가 주로 사용된다.

3 명사 뒤에서는 '-을/를 위해(서)'의 형태로 사용된다. 받침이 있는 명사 뒤에는 '-을 위해(서)'를, 받침에 없는 명사 뒤에는 '-를 위해(서)'를 쓴다.

4 명사 앞에서는 '-기 위한'의 형태로 사용되어 '한국에 유학 가기 위한 준비를 하고 있어요'와 같이 명사를 꾸며 주는 역할을 할 수 있다.

표현 2. -지 않나(요)?

A: 건강을 위해서는 육류와 채소류를 골고루 먹는 게 더 좋지 않나?
B: 단백질은 고기 대신 콩이나 견과류로 보충하면 되니까 영양에도 문제가 없어요.

A: 무슨 일이 있어도 이번 금요일까지는 이 일을 끝내야 해요.
B: 일이 이렇게 많은데 금요일까지는 좀 어렵지 않나요?

A: 뚜이 씨가 전에 한국어 말하기 대회에 나가지 않았나?
A: 그건 여기 있는 사람들 모두의 책임이지 않나요?
A: 이왕 시작한 거니까 포기하지 말고 끝까지 해 봐야 하지 않나?

> **1** '-지 않나(요)?'는 동사나 형용사의 뒤에 붙어 상대방에게 앞의 내용에 대한 사실 여부나 의견을 조심스럽게 물어보는 표현이다.
>
> **2** '-지 않나?'는 혼잣말을 하듯이 가볍게 자신의 생각을 표현함으로써 완곡하게 자신의 의견을 제시할 때 사용된다.

표현 3. -(ㄴ/는)다고 하던데(요)

A: 고기를 먹을 때보다 몸도 가벼워지고, 소화도 잘 되는 거 같아서 좋아요.
B: 하지만 그런 식물성 단백질이 동물성 단백질을 대체할 수는 없다고 하던데요.

A: 이 하얀 국화꽃 어때? 지민 씨 생일 선물로 이거 살까?
B: 한국에서는 하얀 국화꽃은 선물하지 않는 거라고 하던데.

A: 우산은 안 가져가도 될 것 같지 않아요? 오후에는 비가 그친다고 하던데요.
A: 매일 우유를 한 잔씩 먹으면 몸에 좋다고 하던데.
A: 흐엉 씨가 프로젝트를 가장 열심히 한 사람이라고 하던데요.

> **1** '-(ㄴ/는)다고 하던데(요)'는 동사나 형용사의 뒤에 붙어 말하는 사람이 어떤 사실에 대해 과거에 들은 적이 있음을 전제로 하여 간접적으로 자신의 의견을 말하거나 확인·제안할 때 사용하는 표현이다. 받침이 있는 동사 뒤에는 '-는다고 하던데(요)'를, 받침이 없는 동사 뒤에는 '-ㄴ다고 하던데(요)'를 쓴다. 받침이 'ㄹ'인 경우 'ㄹ'을 탈락시킨 후 '-ㄴ다고 하던데(요)'를, 형용사나 '-았/었/였-'과 '-겠-' 뒤에는 '-다고 하던데(요)'를 쓴다.
>
> **2** 일상적인 대화에서는 '-(ㄴ/는)다고 하던데(요)'의 줄임말인 '-(ㄴ/는)다던데(요)'의 형태를 자주 쓴다.

3 명사와 '이다/아니다' 뒤에서는 '-(이)라고 하던데(요)'의 형태로 쓴다. 받침이 있는 명사 뒤에서는 '-이라고 하던데(요)'를 쓰며, 받침이 없는 명사 뒤에서는 '-라고 하던데(요)'를 쓴다.

4 과거에 들은 내용이 다른 사람이 질문한 내용일 때에는 '-(으/느)냐고 하던데(요)'를, 명령한 내용일 때에는 '-(으)라고 하던데(요)'를, 함께 하자고 권유한 내용일 때에는 '-자고 하던데(요)'를 사용하여 전달한다.

		받침이 있는 동사 뒤에	받침이 없는 동사, 'ㄹ' 받침으로 끝나는 동사 뒤에	형용사, '-았/었/였-', '-겠-' 뒤에
평서문	동사/형용사	-는다고 하던데(요)	-ㄴ다고 하던데(요)	-다고 하던데(요)
		받침이 있는 명사 뒤에		받침이 없는 명사 뒤에
	명사	-이라고 하던데(요)		-라고 하던데(요)
의문문		동사, '있다/없다', '-았/었/였-', '-겠-' 뒤에	받침이 없는 형용사, 'ㄹ' 받침으로 끝나는 형용사 뒤에	받침이 있는 형용사 뒤에
		-느냐고 하던데(요)	-냐고 하던데(요)	-으냐고 하던데(요)
청유문		동사 뒤에		
		-자고 하던데(요)		
명령문		받침이 있는 동사 뒤에		받침이 없는 동사, 'ㄹ' 받침으로 끝나는 동사 뒤에
		-으라고 하던데(요)		-라고 하던데(요)

표현 4. -지 않을까(요)?

A: 육류 소비가 줄어들면 지금처럼 비좁은 우리에 동물들을 가둬 놓고 사육하는 비정상적인 축산 방식에서도 벗어날 수 있지 않을까요?
B: 그렇다고 아예 고기를 먹지 말아야 된다는 건 비약이 좀 심한 것 같지 않아요?

A: 난 아이스크림 먹어야겠다. 넌?
B: 감기 걸렸으니까 아이스크림보다는 따뜻한 차를 마시는 게 낫지 않을까?

A: 연락도 없이 찾아가면 실례니까 전화를 먼저 하는 게 좋지 않을까요?
A: 약속 시간에 늦지 않게 이제 출발해야 하지 않을까?
A: 아이가 1등만 하길 바라는 건 욕심이지 않을까?

1 '-지 않을까(요)'는 동사와 형용사 뒤에 붙어 자신의 생각이나 의견을 조심스럽게 제안함을 나타낸다. 주로 상대방과 반대되는 생각이나 의견을 말할 때 사용된다.

2 명사 뒤에서는 '-이/가 아닐까(요)?'의 형태로 사용된다. 받침이 있는 명사 뒤에서는 '-이 아닐까(요)?'를, 받침이 없는 명사 뒤에서는 '-가 아닐까(요)?'를 쓴다.

3 '-지 않을까(요)?'는 공적인 말하기 상황보다는 일상적인 대화에서 주로 사용된다. 자신의 생각을 조심스럽게 돌려서 전달하는 표현이기 때문에 공적인 토론에서 자신의 주장을 강하고 분명하게 드러낼 때에 사용하기에는 적절하지 않다.

연습

연습 1. 다음 중에서 알맞은 단어를 골라 말해 보세요.

채식	영양	소화	골고루	유일하다
섭취하다	어지럽다	가두다	우월하다	대체하다

1 가: 음료수는 뭐 살까? 전부 녹차로 통일할까?

  나: 누가 뭐 좋아하는지 모르니까 그냥 _____ 사 가자. 각자 먹고 싶은 거 골라 먹게.

2 가: 점심 먹으러 안 가요?

  나: 다녀오세요. 전 아침 먹은 게 _____이/가 안 돼서 안 먹으려고요.

3 가: 이번 학기 중간고사는 언제 보나요?

  나: 이번 학기 중간고사는 없습니다. 중간고사는 보고서로 _____.

4 가: 이번 사고에서 살아 남은 사람이 한 명밖에 없대.

  나: 나도 그 얘기 들었어. 5살짜리 어린이가 _____ 생존자라면서?

연습 2. 다음 밑줄 친 부분에 공통으로 들어갈 수 있는 단어를 넣어 말해 보세요.

앉았다 일어날 때마다 너무 _____아/어/여서 병원에 가 봤어.
우리 집엔 다음에 가자. 요즘 청소를 안 해서 집안이 _____.
마약이다 뭐다 해서 요즘 우리 사회가 _____.

연습 3. '-기 위해(서)'를 사용해서 말해 보세요.

1. 가: 어떤 계기로 한국어 공부를 시작하게 되셨습니까?

   나: _____ 한국어 공부를 시작하게 되었습니다.

2. 가: 넌 공부는 안 하고 왜 맨날 드라마만 보니?

   나: 이게 다 공부야. _____ 드라마를 보는 거야.

연습 4. '-지 않나(요)?'를 사용해서 말해 보세요.

1. 가: 방 안이 _____

   나: 그래? 그럼 좀 시원하게 창문 좀 열어 놔야겠다.

2. 가: 앤드루 씨가 어제 맹장 수술을 해서 병원에 입원했대.

   나: 정말? 우리 같이 _____

연습 5. '-(ㄴ/는)다고 하던데(요)'를 사용해서 말해 보세요.

1. 가: 이가 아파서 치과에 가 봐야 할 것 같은데 회사 근처에 괜찮은 치과 있어요?

   나: 회사 앞에 있는 김 치과가 _____

2. 가: 요즘 나츠카 씨가 왜 안 보이지? 무슨 일 있나?

   나 : 지난달에 _____ 저도 얼마 전에 알았어요.

연습 6. '-지 않을까(요)?'를 사용해서 말해 보세요.

1. 가: 이 하얀 모자 어때요?

   나: 진수 씨한테는 이 파란 모자가 _____

2. 가: 집에만 있으니까 좀 답답한데 밖에 나가서 산책할까요?

   나: 오늘은 공기가 안 좋으니까 _____

연습 **7.** 다음 중에서 알맞은 표현을 사용해서 말해 보세요.

| -기 위해서 | -지 않나(요)? | -(ㄴ/는)다고 하던데(요) | -지 않을까(요)? |

1 가: 열쇠가 어디 있지?

　나: _____ 아까 거기서 본 거 같은데.

　　　　　　　　　　　　　　　　　　　　　　　　　　(책상 위에 있다)

2 가: 지현 씨는 언제 온대?

　나: 아까 통화했는데 _____

　　　　　　　　　　　　　　　　　　　　(중요한 회의가 있어서 못 오다)

3 가: 길이 많이 막히네. 지하철 탈까?

　나: 지하철은 많이 돌아가니까 그래도 _____

　　　　　　　　　　　　　　　　　　　　　　　　　(버스를 타는 게 빠르다)

4 가: 저 선수 정말 대단하지 않니? 어린 나이에 벌써 올림픽에도 나가고.

　나: 초등학생 때부터 _____

　　　　　　　　　　　　　　　　　(올림픽에 나가다, 매일 10시간씩 연습하다)

활동

활동 **1.** 토론을 위해 채식주의와 관련된 단어를 말해 보세요. 단어의 의미를 모르는 사람이 있으면 뜻도 함께 설명해 주세요.

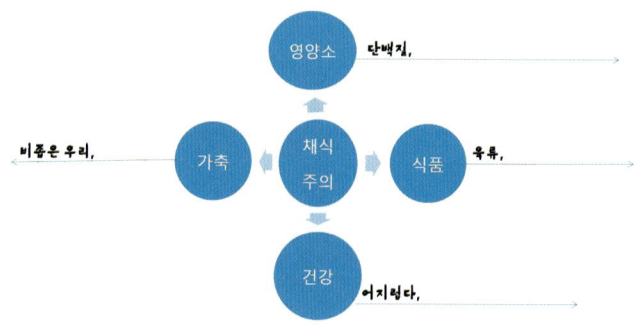

교사 도움말

시간을 절약하고, 학생들에게 말하기 기회를 더 많이 주기 위해서 모둠 활동으로 진행할 수 있다. 네 모둠을 만들어 모둠별로 하나의 범주를 주고, 거기에 속하는 단어를 조사하여 발표하도록 지도한다. 이때, 학생들이 발표하는 내용은 반 전체가 확인할 수 있도록 칠판에 판서를 하면 좋다.

활동 **2.** 카드를 뽑아서 나온 표현을 사용하여 주장하는 말하기를 해 보세요.

① 카드를 한 장씩 뽑으세요. 그리고 자신의 차례가 오면 반드시 이 표현을 사용해서 주장하는 말하기를 해야 합니다.

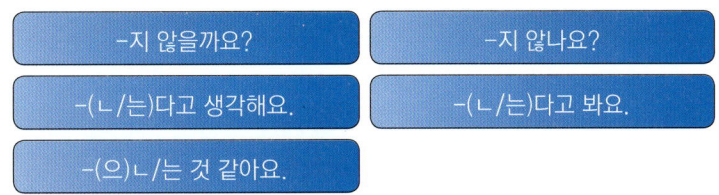

② 첫 번째 사람은 채식의 장점에 대해 주장하고, 옆 사람은 단점에 대해 이야기를 합니다. 그리고 또 그 옆의 사람은 다시 장점에 대해 이야기를 합니다. 꼬리에 꼬리를 물고 반 전체가 모두 한 번씩 주장하기를 연습해 볼 때까지 반복합니다.

> **교사 도움말**
> 1. 학생의 수가 더 많다면 표현을 다른 방식으로 조합해서 학생 수만큼 표현 카드를 준비한다.
> 2. 이 활동은 자신의 주장을 펼칠 때 자주 사용되는 표현을 연습하기 위한 활동이다. 학생들이 말할 내용에 대해 부담을 갖지 않게 [준비 4]의 내용을 적극적으로 활용하도록 지도한다.

활동 **3.** 채식주의에 찬성합니까, 반대합니까? 생각이 같은 두 명이 짝이 되어 채식주의에 대한 주장과 근거를 말해 보세요.

주장	채식주의에 찬성합니까, 반대합니까?		
	근거 채식주의에 찬성 혹은 반대하는 이유는 무엇입니까?	**예상되는 반론** 당신과 다른 입장에 있는 사람들은 어떤 이유에서 채식을 반대 혹은 찬성합니까?	**반박** 당신과 다른 입장에 있는 사람의 생각을 반박할 수 있는 근거는 무엇입니까?
결론	채식주의에 대한 자신의 주장과 근거를 정리해 보세요.		

> **교사 도움말**
> 찬성과 반대 어느 한 쪽으로 학생들의 의견이 몰린다면 제비뽑기 등을 활용해서 균형을 맞춰 줘야 이후 토론(4번 활동)이 활발하게 이루어질 수 있다.

활동 4-1. 네 명씩 모둠을 만들어 채식주의에 대해 토론해 보세요. 이때, 다른 사람의 주장과 근거를 간단하게 메모하며 토론에 참여합시다.

찬성	반대

활동 4-2. 모둠별로 토론한 내용을 정리하여 말해 보세요.

> **교사 도움말**
> 1. 3번 활동을 함께 한두 명이 한 팀이 되어 토론에 참여하도록 지도한다. 팀으로 토론을 하면 승부욕을 자극하여 흥미진진한 토론이 이루어질 수 있다.
> 2. 메모하며 듣기의 중요성을 지도한다. 토론에 익숙하지 않은 학생들은 상대방의 말을 듣지 않고 준비한 내용만 일방적으로 말하는 경향이 있기 때문에 원활한 토론이 이루어지기 어렵다. 상대방의 말을 먼저 잘 듣는 것이 토론의 시작임을 강조한다.

정리와 평가

1. 오늘의 '토론 왕'을 뽑아 보세요. 그렇게 생각한 이유도 함께 말해 보세요.

2. 다음의 질문을 생각하면서 나의 토론 실력을 확인해 보세요.

질문	잘함	보통	못함
채식에 대한 자신의 생각을 근거를 들어 말할 수 있었습니까?			
완곡하게 주장하기에 필요한 표현을 잘 사용할 수 있었습니까?			
상대방의 말을 듣고 주장의 핵심을 이해할 수 있었습니까?			
상대방의 주장에 근거를 들어 반대할 수 있었습니까?			
총평 및 보완점			

3. 토론 내용을 바탕으로 채식에 대한 자신의 주장과 근거를 말해 보세요.

이렇게 말하면 돼요.

내용 이해 질문
1. 채식을 하기 때문에
2. 건강을 위해서
3. ① 참　② 거짓　③ 참　④ 참
4. ① 거짓　② 거짓　③ 참

연습
1. ① 골고루
　　② 소화가
　　③ 대체하겠습니다
　　④ 유일한
2. 어지럽다
3. 예 ① 한국 회사에 취직하기 위해서
　　② 자연스러운 말투를 배우기 위해서

4. 예 ① 너무 덥지 않나요?
　　② 병문안 가 봐야 되지 않나?
5. 예 ① 잘한다고 하던데요.
　　② 일본으로 돌아갔다고 하던데요.
6. 예 ① 더 잘 어울리지 않을까요?
　　② 집에 있는 게 좋지 않을까요?
7. ① 책상 위에 있지 않나?
　　② 중요한 회의가 있어서 못 온다고 하던데요.
　　③ 버스를 타는 게 빠르지 않을까?
　　④ 올림픽에 나가기 위해서 매일 10시간씩 연습했대.

02 육아, 전적으로 엄마의 몫인가?

준비

준비 1. 여러분이 아는 사람 중에서 다음에 해당하는 한 사람을 골라 인터뷰를 해 보세요.

- 직장에 다니면서 아이를 키우는 사람
- 직장에 다니다 아이를 낳고 퇴직한 사람
- 직장에 다니다 아이를 낳고 휴직 중인 사람
- 퇴직하고 아이를 키우다 재취업을 준비 중인 사람
- 결혼은 했지만 아이를 낳을 생각이 없는 사람

1) 왜 그런 선택을 했는지, 현재 가장 힘든 점과 좋은 점은 무엇인지, 그리고 앞으로 어떤 계획이 있는지 등을 질문해 보세요.

2) 네 명씩 모둠을 만들어 인터뷰 결과를 말해 보세요.

> **교사 도움말**
> 모둠 발표를 통해 다양한 사례를 경험할 수 있도록 각각 다른 유형의 사람을 인터뷰한 학생들끼리 한 모둠으로 구성한다.

준비 2. 육아를 돕기 위한 제도에 대해 말해 보세요.

1) 다음은 한국에서 시행되고 있는 육아 지원 제도입니다. 이 중에서 하나를 골라 어떤 제도인지, 얼마나 많은 사람이 이 제도를 활용하고 있는지, 그리고 이 제도가 가지고 있는 한계는 무엇인지 등을 조사해 보세요. 조사한 내용을 함께 말해 보세요.

- 육아 휴직 제도
- 산후 도우미 지원 제도
- 산전·후 휴가 제도
- 탄력 근무제
- 배우자 출산 휴가 제도

2) 여러분 나라에는 어떤 종류의 육아 지원 제도가 있습니까? 얼마나 많은 사람이 그 제도를 활용하고 있는지, 그리고 그 제도가 가지고 있는 한계는 무엇인지 등을 조사해 보세요. 조사한 내용을 함께 말해 보세요.

Korean Speaking-Discussion

준비 3. 여러분이 원하는 육아 지원 제도가 있습니까? 어떤 제도인지, 그 제도를 실현시키기 위한 구체적인 방법은 무엇인지 말해 보세요.

누구를 위한 제도입니까?	
어떻게 도와주는 제도입니까?	
언제부터 언제까지 도와주는 제도입니까?	

준비 4. 육아는 엄마의 몫이라는 주장에 찬성·반대하는 근거를 조사해 본 다음 네 명씩 모둠을 만들어 조사한 내용을 서로 말해 보세요. 그리고 그 내용을 정리해서 앞에 나와 말해 보세요.

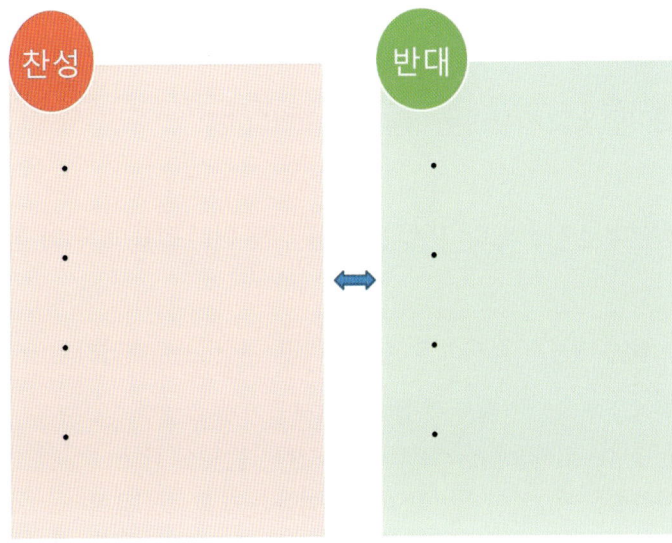

예시 담화 🎧 02

듣기 회사 동료인 자넷 씨가 아기를 낳아 축하해 주고 돌아가는 길입니다. 함께 차를 타고 귀가하면서 직장 여성의 출산과 육아 문제에 대해 서로 얘기합니다. 여자는 아이를 키우는 것은 엄마의 역할이라고 생각합니까, 아니면 사회의 역할이라고 생각합니까? 잘 듣고 말해 보세요.

내용 이해 질문

1. 여자가 아이를 낳지 않으려는 이유는 무엇입니까?

2. 여자는 정부에서 직장에 다니는 엄마들을 위해 어떤 일을 해 줘야 한다고 생각합니까?

3. 대화에서 들은 내용과 일치하면 '참', 틀리면 '거짓'으로 대답하세요.

    1. 육아 휴직을 하고 아기를 직접 돌보는 남자들이 늘고 있다. (   )
    2. 직장에 다니는 엄마들은 둘째를 낳으면 사직서를 내야 한다. (   )
    3. 산후 우울증은 여성들이 아이를 갖기 싫어하는 가장 큰 이유이다. (   )
    4. 출산율을 늘리기 위해서는 보육 시설 확대 등 실질적인 대책 마련이 필요하다. (   )

4. 대화에서 아이는 엄마가 직접 키워야 한다고 주장하는 사람이 든 근거와 일치하면 '참', 일치하지 않으면 '거짓'으로 대답하세요.

1 아이를 보면서 엄마도 정서적 안정감을 느낄 수 있다. (   )
2 아이는 엄마가 직접 키워야 정서적·신체적으로 건강해진다. (   )
3 출산과 육아는 여성이 누릴 수 있는 축복이기 때문에 기쁘게 받아들여야 한다. (   )
4 직장에 다니는 엄마들에게는 정부에서 도우미를 지원해 주기 때문에 육아가 생각보다 힘들지 않다. (   )

육아	맡다	전념하다	애착	복직
마땅하다	울며 겨자 먹기	꺼리다	출산율	인구
유지되다	부담	사직서	축복	안쓰럽다
우울증	시달리다	신성하다	출산	모유 수유
정서적	안정되다	신체적	비난하다	보육 시설
확대	도우미	지원	실질적	

표현

표현 1. -(ㄴ/는)다는 거지(요)

A: 직장 다니는 엄마들 사이에선 둘째 아이를 사직서라고 한대요. 그만큼 아직도 육아가 여자들한테 엄청난 부담이 된다는 거죠.
B: 그걸 부담이라고 하면 안 되죠.

A: 내일까지 이 보고서를 완성해야 한다고요?
B: 네. 그래서 시간이 부족하다는 거죠.

A: 중요한 건 누가 그런 일을 했느냐는 거죠.
A: 어떤 일을 시작하기 전에 철저한 준비가 필요하다는 거죠.
A: 지현 씨 생각엔 이 프로젝트의 성공 가능성이 낮아 보인다는 거죠?

1 '-(ㄴ/는)다는 거지(요)'는 동사나 형용사의 뒤에 붙어 이미 한 말이나 생각의 내용을 반복하여 말함으로써 그 내용을 강조하는 표현이다. 받침이 있는 동사 뒤에는 '-는다는 거지(요)'를, 받침이 없는 동사 뒤에는 '-ㄴ다는 거지(요)'를 쓴다. 받침이 'ㄹ'인 경우 'ㄹ'을 탈락시킨 후 '-ㄴ다는 거지(요)'를 쓴다. 형용사나 '-았/었/였-'과 '-겠-' 뒤에는 '-다는 거지(요)'를 쓴다.

2 '-(ㄴ/는)다는 거지(요)'는 '-(ㄴ/는)단 거지(요)'의 형태로 줄여 쓸 수 있다. 또한 '거지요'는 '거죠'로 줄여 쓸 수 있으며, '거지(요)' 대신에 '말씀이지(요)', '말이지(요)', '이야기지(요)', '생각이지(요)' 등으로 바꿔 쓸 수 있다.

3 명사와 '이다/아니다' 뒤에서는 '-(이)라는 거지(요)'의 형태로 쓴다. 받침이 있는 명사 뒤에서는 '이라는 거지(요)'를, 받침이 없는 명사 뒤에서는 '-라는 거지(요)'를 쓴다.

4 이미 한 말이나 생각의 내용이 질문일 때는, '-(으/느)냐는 거지(요)'를, 명령일 때에는 '-(으)라는 거지(요)'를, 함께 하자고 권유할 때에는 '-자는 거지(요)'를 쓴다.

5 상승조 억양을 사용하여 의문형으로 표현하면 상대방이 한 말이 맞는지 확인하는 의미를 나타낸다.

6 토론에서는 말하는 사람이 자신의 주장이나 근거를 강조해서 말하고자 할 때 '-(ㄴ/는)다는 겁니다'의 형태로 주로 사용된다.

표현 2. -(ㄴ/는)다는 데에

A: 아이를 낳고 기르는 건 여성이 경험할 수 있는 가장 큰 축복 중에 하나인데 그걸 부담이라고 하면 안 되죠.
B: 아이를 낳고 기르는 게 신성한 가치라는 데에는 동의해요. 하지만 애를 직접 키우지 않으면 이기적이고 무책임한 사람처럼 바라보는 시선이 얼마나 견디기 힘들겠어요?

A: 한식을 세계화하기 위해서 정부의 적극적인 지원이 필요합니다.
B: 저는 한식을 알리기 위해 정부가 나서야 한다는 데에 동의할 수 없어요.

A: 학교에서 체벌을 금지해야 한다는 데에 찬성해요.
A: 이번 일을 끝내기 위해서 다른 부서의 도움을 받자는 말씀에는 동의할 수 없어요.
A: 회의에 지각하는 사람은 벌금을 내자는 의견에는 동의할 수 없네요.

1 '-(ㄴ/는)다는 데에'는 동사나 형용사의 뒤에 붙어 '상대방이 한 말의 내용에 대해'라는 의미를 나타낸다. 받침이 있는 동사 뒤에는 '-는다는 데에'를 쓰고, 받침이 없는 동사 뒤에는 '-ㄴ다는 데에'를 쓴다. 받침이 'ㄹ'인 경우 'ㄹ'을 탈락시킨 후 '-ㄴ다는 데에'를 쓴다. 그리고 형용사나 '-았/었/였-'과 '-겠-' 뒤에는 '-다는 데에'를 쓴다.

2 토론에서는 주로 '-(ㄴ/는)다는 데에' 뒤에 '동의하다', '반대하다', '동의할 수 없다', '동의하기 어렵다', '찬성하다' 등이 붙어 상대방의 말에 찬성과 반대를 표현할 때 사용된다. 상대방의 말에 일부만 동의하거나 반대함을 표현할 때에는 보조사 '는'을 붙여 '-(ㄴ/는)다는 데에는'의 형태로 쓴다. 이때, '데에'는 '말씀에', '의견에', '생각에', '주장에' 등의 표현으로 바꿔 쓸 수 있다.

3 명사와 '이다/아니다' 뒤에서는 '-(이)라는 데에'의 형태로 쓴다. 받침이 있는 명사 뒤에는 '-이라는 데에'를 쓰며, 받침이 없는 명사 뒤에는 '-라는 데에'를 쓴다.

4 과거에 들은 내용이 다른 사람이 명령한 내용일 때에는 '-(으)라는 데에'를, 함께 하자고 권유한 내용일 때에는 '-자는 데에'를 사용하여 전달한다.

표현 3. (그렇다고) -(으)ㄹ 수는 없잖아(요)

A: 직장 다니며 아이를 키우는 여성들의 스트레스와 불안도 이해해 줄 필요가 있어요.
B: 그렇다고 남자가 출산과 모유 수유를 할 수는 없잖아요?

A: 뚜이 씨가 왜 이렇게 연락이 안 되지? 집에 찾아가 볼까?
B: 주소도 모르면서 무작정 찾아 나설 수는 없잖아.

A: 그렇다고 모르는 걸 아는 척할 수는 없잖아.
A: 그렇다고 열심히 만든 걸 다 버릴 수는 없잖아요.
A: 그렇다고 두 달이나 매달린 프로젝트를 이제 와서 포기할 수는 없잖아요.

1 '(그렇다고) -(으)ㄹ 수는 없잖아(요)'는 동사 뒤에 붙어 상대방의 말이나 발생한 상황에 동의하기는 하지만 앞에 오는 동사가 의미하는 행동이나 행위를 하지 않겠다는 강한 의지를 표현할 때 사용한다. '아는 척할 수 없잖아.'는 '아는 척하지 않겠다.'는 의미를 강조한 표현이다. 받침이 있는 동사 뒤에는 '(그렇다고) -을 수는 없잖아(요)'를 쓰며, 받침이 없는 동사나 받침이 'ㄹ'인 동사 뒤에서는 '(그렇다고) -ㄹ 수는 없잖아(요)'를 쓴다.

2 '(그렇다고) -(으)ㄹ 순 없잖아(요)'로 줄여 쓸 수 있다.

연습

연습 1. 다음 중에서 알맞은 단어를 골라 말해 보세요.

| 육아 | 출산 | 사직서 | 마땅하다 | 꺼리다 |
| 신청하다 | 전념하다 | 안쓰럽다 | 비난하다 | 울며 겨자 먹기 |

① 가: 어머, 벌써 배가 많이 불렀네. _____ 예정일이 언제야?

　나: 다음 달 10일이에요.

② 가: 나 다음 달에 _____ 낼 거야. 회사 그만두고 공부에만 집중하는 게 좋을 것 같아서.

　나: 그래. 회사 일하고 유학 준비를 같이 하는 게 쉽진 않을 거라고 생각했어.

③ 가: 지현 씨가 우리 반 대표로 말하기 대회에 나간다면서요?

　나: 네, 한다는 사람이 없어서 _____ 로 하는 거예요.

연습 2. 공통으로 들어갈 수 있는 단어를 넣어 말해 보세요.

| 밥 먹으러 갔다가 _____ 갈 데가 없어서 그냥 집으로 왔어. |
| _____ 해야 할 일을 했을 뿐이에요. |
| 그 일을 할 만한 _____ 사람이 없어서 걱정이에요. |

연습 3. '-(ㄴ/는)다는 거지(요)'를 사용해서 말해 보세요.

① 가: 죄송한데 앞에 환자분 진료가 길어져서 조금 더 기다리셔야 할 것 같아요.

　나: 진료가 끝날 때까지 _____? 10분 정도 더 기다리면 되나요?

② 가: 약을 식후 30분에 드세요.

　나: 밥 먹고 30분 뒤에 _____?

연습 4. '-(ㄴ/는)다는 데에'를 사용해서 말해 보세요.

① 가: 저는 페르난도 씨가 우리 반의 반장이 돼야 한다고 생각합니다. 페르난도 씨는 성실하고 다른 사람들을 잘 챙겨 주기 때문입니다.

나: 저도 페르난도 씨가 _____ 동의합니다.

2 가: 숙제를 안 해 온 사람은 남아서 하고 가야 한다고 생각해요.

나: 글쎄요. 남아서 _____ 동의하기 힘드네요.

연습 **5.** '(그렇다고) -(으)ㄹ 수는 없잖아(요)'를 사용해서 말해 보세요.

1 가: 우산도 안 가져왔는데 비가 금방 그칠 것 같지가 않네. 우산도 없이 어떻게 나가지?

나: _____ 여기 계속 _____ 지하철역까지 얼른 뛰어 가요.

2 가: 흐엉 씨 일이 너무 많은가 봐. 밥도 못 먹고 일하는 거 같은데 정말 안쓰럽다.

나: _____ 우리가 그 일을 대신 _____ 가서 김밥이나 사다 주자.

연습 **6.** 다음 중에서 알맞은 표현을 사용하여 말해 보세요.

| -(ㄴ/는)다는 거지(요) -(ㄴ/는)다는 데에 (그렇다고) -(으)ㄹ 수는 없잖아(요) |

1 가: 컴퓨터를 너무 많이 하면 건강에 안 좋아.

나: 그건 저도 알죠. 컴퓨터가 없으면 일을 못 하는데 _____

(일을 안 하다)

2 가: 우리 매달 10만 원씩 고아원에 기부하면 어떨까?

나: _____ 그런데 우리 형편에 10만 원은 좀 많은 것 같으니까 5만 원만 기부하는 게 어때요?

(기부하다, 동의하다)

3 가: 왕정 씨 생일인데 깜짝 파티해 주는 게 어때요? 그러니까 생일 파티에 못 가는 척하고 _____

나: 좋은 생각이에요! 왕정 씨가 정말 깜짝 놀라겠는데요.

(우리가 먼저 가서 몰래 기다리고 있자)

활동

활동 1. 토론을 위해 출산 및 육아와 관련된 단어를 말해 보세요. 단어의 의미를 모르는 사람이 있으면 뜻도 함께 설명해 주세요.

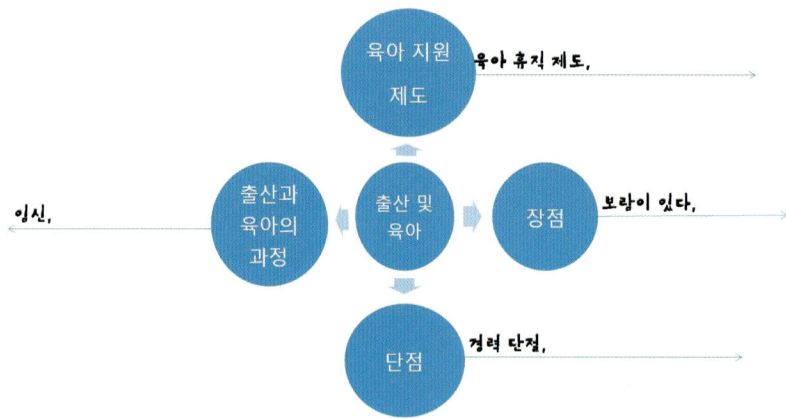

활동 2. 카드를 뽑아서 나온 표현을 사용하여 상대방의 주장에 동의하기와 반대하기 연습을 해 보세요.

① 카드를 한 장씩 뽑으세요. 자신이 말할 차례가 되면 반드시 이 표현을 사용해서 동의와 반대하는 말하기를 해야 합니다.

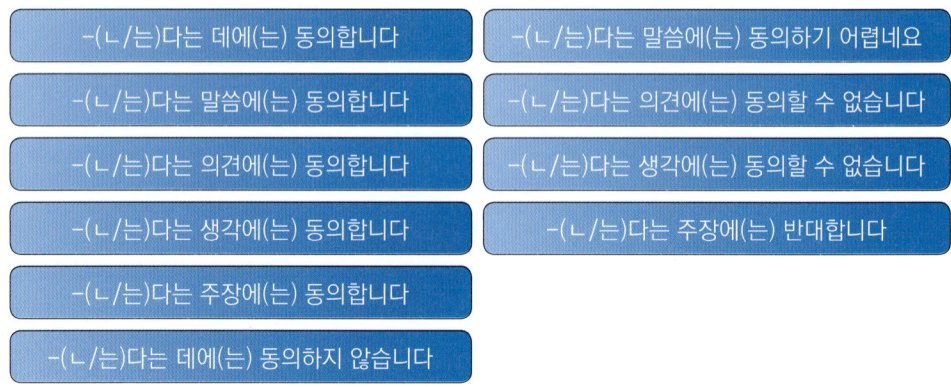

② 교사가 먼저 육아의 책임을 개인이 져야 하는가에 대한 자신의 생각을 말합니다. 그러면 학생 중 한 명이 일어나 자신이 뽑은 카드에 있는 표현을 사용하여 그 주장에 찬성 혹은 반대합니다. 첫 번째 학생이 앉으면 다음 학생이 일어나 첫 번째 학생의 주장에 대해 찬성 혹은 반대합니다. 이때에도 역시 카드에 있는 표현을 사용해서 말해야 합니다.

활동 3. 육아는 전적으로 엄마의 몫이라는 주장에 찬성합니까, 반대합니까? 생각이 같은 두 명이 짝이 되어 이에 대한 주장과 근거를 말해 보세요.

주장	육아는 전적으로 엄마의 몫이라는 주장에 찬성합니까, 반대합니까?		
	근거 육아는 전적으로 엄마의 몫이라는 주장에 찬성 혹은 반대하는 이유는 무엇입니까?	**예상되는 반론** 당신과 다른 입장에 있는 사람들은 어떤 이유에서 육아는 전적으로 엄마의 몫이라는 주장에 반대 혹은 찬성합니까?	**반박** 당신과 다른 입장에 있는 사람의 생각을 반박할 수 있는 근거는 무엇입니까?
결론	육아는 전적으로 엄마의 몫이라는 주장에 대한 자신의 주장과 근거를 정리해 보세요.		

활동 4-1. 네 명씩 모둠을 만들어 아이를 키우는 것은 전적으로 엄마의 몫이라는 주장에 대해 토론해 보세요. 이때, 다른 사람의 주장과 근거를 간단하게 메모하며 토론에 참여합시다.

찬성	반대

활동 4-2. 모둠별로 토론한 내용을 정리하여 말해 보세요.

정리와 평가

1. 어떤 사람이 토론을 잘하는 사람이라고 생각합니까? 그 기준을 말해 봅시다. 그리고 그 기준에 따라 오늘의 '토론 왕'을 뽑아 보세요.

2. 다음의 질문을 생각하면서 나의 토론 실력을 확인해 보세요.

질문	잘함	보통	못함
상대방의 말을 듣고 주장의 핵심을 이해할 수 있었습니까?			
상대방의 주장을 듣고 동의하거나 반대하여 나의 주장을 펼칠 수 있었습니까?			
찬성하기와 반대하기에 필요한 표현을 잘 사용할 수 있었습니까?			
총평 및 보완점			

3. 육아를 전적으로 엄마가 담당해야 한다는 생각에 대한 자신의 주장과 근거를 말해 보세요.

이렇게 말하면 돼요.

내용 이해 질문

1. 하고 있는 일이 있어 당장 육아에 전념할 수 없기 때문에
2. 보육 시설 확대, 산후 도우미 지원 같은 실질적인 제도 마련
3. ① 거짓
   ② 거짓
   ③ 거짓
   ④ 참
4. ① 참
   ② 참
   ③ 참
   ④ 거짓

② 사직서
③ 울며 겨자 먹기로
2. 마땅하다
3. 예 ① 기다려야 한다는 거죠
   ② 약을 먹으라는 거죠
4. 예 ① 반장이 되어야 한다는 데에/말씀에
   ② 숙제를 해야 한다는 데에는
5. 예 ① 그렇다고 / 있을 수는 없잖아요.
   ② 그렇다고 / 해 줄 수는 없잖아.
6. ① 그렇다고 일을 안 할 수는 없잖아요.
   ② 기부를 하자는 데에는 동의해요.
   ③ 우리가 먼저 가서 몰래 기다리고 있자는 거죠.

연습

1. ① 출산

03 스마트폰, 진정 우리 삶에 유익한가?

준비

준비 1. 두 명씩 짝을 지어 스마트폰 중독 테스트를 해 보세요. 한 사람은 묻고, 다른 사람은 '예' 또는 '아니오'로 대답하세요.

- 스마트폰을 집에 두고 나오면 불안합니까?
- 스마트폰을 잃어버리면 친구를 잃은 느낌입니까?
- 스마트폰을 하루에 2시간 이상 사용합니까?
- 스마트폰에 설치한 어플이 30개 이상이고 대부분 사용합니까?
- 화장실에 스마트폰을 가지고 갑니까?
- 하루의 모든 일정이 스마트폰에 저장되어 있습니까?
- 충전한 배터리가 하루 동안 지속되기 힘듭니까?
- 밥을 먹다가 스마트폰 소리가 들리면 즉시 달려갑니까?
- 스마트폰을 보물 1호라고 여깁니까?
- 특별한 이유가 없어도 스마트폰을 확인합니까?

▣ 위의 질문에 '예'라고 답한 항목이 모두 몇 개입니까?

- 1~2개라면 효율적으로 스마트폰을 사용하고 있군요. 지금과 같은 스마트폰 사용 습관을 유지하세요.
- 3~4개라면 지금은 괜찮지만, 스마트폰 중독이 되지 않도록 주의해야 합니다. 지금처럼 꼭 필요할 때에만 스마트폰을 사용하도록 노력해 보세요.
- 5~7개라면 스마트폰 중독이 의심됩니다. 스마트폰 사용을 줄여 보세요. 스마트폰 대신 책을 보거나 친구를 만나 대화를 나눠 보세요.
- 8개 이상이라면 스마트폰 중독입니다. 적절한 상담과 치료가 필요합니다. 가까운 상담 센터를 찾아가 보세요.

준비 2. 두 명씩 짝을 지어 우리 반 학생들을 대상으로 스마트폰을 얼마나 자주 사용하는지, 어떤 목적으로 사용하는지, 그리고 스마트폰 사용으로 인한 장점과 부작용은 무엇인지 등을 조사해 보세요. 그리고 조사한 내용을 함께 말해 보세요.

Korean Speaking-Discussion

1) 하루 평균 스마트폰 사용 시간은 얼마나 됩니까? (   )
   - 1시간 미만
   - 1시간~2시간
   - 2시간~3시간
   - 3시간~4시간
   - 4시간 이상

2) 스마트폰으로 주로 하는 일은 무엇입니까?
   - 정보 검색
   -
   -
   -
   -

3) 스마트폰을 사용해서 좋은 점은 무엇입니까?
   - 쉽고 빠르게 정보를 검색할 수 있다.
   -
   -
   -
   -

4) 스마트폰을 사용하면서 생긴 부작용은 무엇입니까?
   - 눈이 나빠졌다.
   -
   -
   -
   -

5) 스마트폰 사용을 줄이기 위해 어떤 노력을 해 봤습니까?
   - 게임 어플을 지웠다.
   -
   -
   -
   -

준비 **3.** 스마트폰의 사용으로 인해 우리의 삶이 긍정적으로 변했다는 주장에 찬성하는 입장과 반대하는 입장의 근거에 대해 조사해 본 다음, 네 명씩 모둠을 만들어 조사한 내용을 서로 말해 보세요. 그리고 그 내용을 정리해서 앞에 나와 말해 보세요.

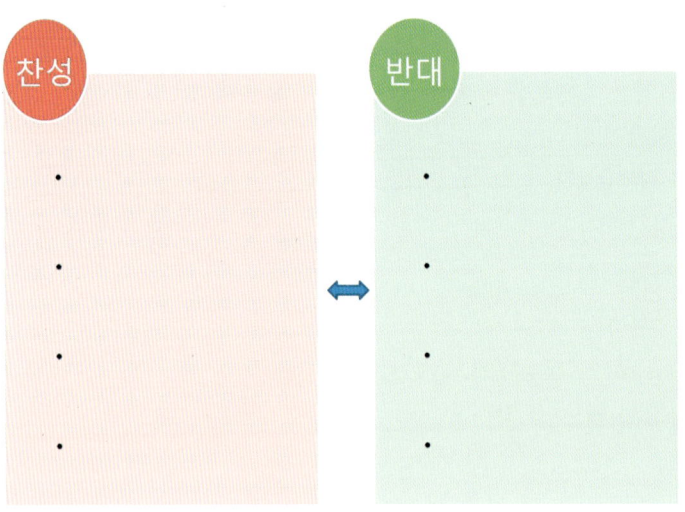

예시 담화 🎧 03

듣기 지난여름 한국어 캠프에서 만나 친해진 네 명의 친구가 석 달 만에 다시 만났습니다. 식당에 들어가 주문을 하려고 기다리고 있는데, 모하메드는 스마트폰만 계속 들여다보고 있습니다. 남자들과 여자들 중에서 스마트폰의 악영향을 강조하고 있는 사람은 누구인가요? 잘 듣고 대답해 보세요.

내용 이해 질문

1. 스마트폰을 오래 사용하면 건강에 어떤 영향을 줍니까?

2. 대화에서 들은 내용과 일치하면 '참', 틀리면 '거짓'으로 대답하세요.

1 스마트폰이 치매를 유발한다. ( )
2 스마트폰 중독은 알코올 중독보다 건강에 해롭다. ( )
3 스마트폰 시대에는 빠른 정보 검색 능력이 더 중요하다. ( )
4 스마트폰 게임은 좋은 정보와 나쁜 정보를 가려낼 수 있는 능력을 길러 준다. ( )

3. 스마트폰이 우리 삶에 미치는 영향이 부정적이라고 생각하는 사람들이 든 근거와 일치하면 '참', 일치하지 않으면 '거짓'으로 대답하세요.

1 사람들이 스마트폰에 지나치게 의존한다. ( )
2 지나친 스마트폰 사용은 건강에 안 좋은 영향을 끼친다. ( )
3 스마트폰 때문에 사람들 사이에 갈등과 싸움이 증가했다. ( )
4 잦은 스마트폰 사용은 공부나 일을 할 때 집중력을 떨어뜨린다. ( )

단어

스마트폰	열에 아홉	주객이 전도되다	의존하다	오죽하다
디지털 치매	노선	디스크	무분별하다	자체
알코올 중독자	적절하다	조절하다	유용하다	

표현

표현 1. -기는 하다

A: 난 정말 스마트폰이 없었을 땐 어떻게 살았나 싶어.
B: 편리해져서 좋긴 하지만 어떨 때 보면 주객이 전도된 느낌이 들어.

A: 그렇기는 해도 스마트폰을 오래 사용하면 건강에도 안 좋잖아.

A: 르넷 씨 생각도 좋기는 한데 이번 주제와는 거리가 좀 있는 것 같아.
A: 그 말씀에도 일리가 있기는 합니다만 제 생각은 조금 다릅니다.
A: 그렇기는 하지만 그보다는 근본적인 해결책이 필요하지 않겠습니까?

> **1** '-기는 하다'는 동사나 형용사 뒤에 붙어 상대방의 말에 일부분만 동의함을 의미한다. 상대의 말에 완전히 동의하지는 않기 때문에 뒤에는 상대의 말을 부정하는 내용이 이어진다. 줄여서 '-긴 하다'의 형태로도 사용된다.
>
> **2** '-기는 하다' 다음에는 주로 '하지만', '그래도', '그렇지만', '그런데'와 같이 앞 말과 반대의 의미를 나타내는 표현이 이어진다. 이러한 표현과 '-기는 하다'를 이어 한 문장으로 표현할 때에는 '-기는 하지만', '-기는 해도', '-기는 합니다만', '-기는 한데'와 같은 형태를 쓸 수 있다.
>
> **3** 토론에서는 상대의 말을 부분적으로 인정하지만, 나의 생각이나 의견은 그것과 반대됨을 표현할 때 주로 사용된다.

표현 2. -(ㄴ/는)다잖아(요)

A: 요즘 스마트폰 때문에 디스크다 뭐다 해서 아픈 사람들이 많다잖아.
B: 그건 스마트폰을 무분별하게 사용하는 사람들의 잘못이지 스마트폰 자체가 문제는 아니지 않나?

A: 포기하지 말고 끝까지 노력해 봐. 열 번 찍어 안 넘어가는 나무 없다잖아.
B: 그래. 시작했으니 끝까지 해야지.

A: 다음 달부터 출근 시간이 한 시간 늦춰진다잖아. 그래서 아침에 운동을 시작해 볼까 해.
A: 추석에 달을 보면서 소원을 빌면 다 이루어진다잖아. 너도 한번 소원을 말해 봐.
A: 내일 오전부터 전국에 비가 온다잖아요. 잊지 말고 우산 챙겨 가요.

> **1** '-(ㄴ/는)다잖아(요)'는 '-(ㄴ/는)다고 하잖아(요)'의 줄임말로 동사나 형용사의 뒤에 붙어 다른 사람에게 들은 내용을 전하면서 듣는 사람도 이미 알고 있는 내용임을 환기시키는 표현이다. 받침이 있는 동사 뒤에는 '-는다잖아(요)'를, 받침이 없는 동사 뒤에는 '-ㄴ다잖아(요)'를 쓴다. 단, 받침이 'ㄹ'인 경우 'ㄹ'을 탈락시킨 후 '-ㄴ다잖아(요)'를 쓴다. 그리고 형용사와 '-았/었/였-', '-겠-' 뒤에서는 '-다잖아(요)'를 쓴다.
>
> **2** 명사와 '이다/아니다' 뒤에서는 '-(이)라잖아(요)'의 형태로 쓰인다. 받침이 있는 명사 뒤에는 '-이라잖아(요)'를, 받침이 없는 명사 뒤에는 '-라잖아(요)'를 쓴다.
>
> **3** 토론에서는 듣는 사람이 모두 알고 있을 것이라 예상되는 유명한 사실이나 속담, 격언, 연구 결과, 설문 결과 등의 내용을 전할 때 주로 사용된다.

표현 3. -(이)지 -은/는 아니다

A: 요즘 스마트폰 때문에 디스크다 뭐다 해서 아픈 사람들이 많다잖아.
B: 그건 스마트폰을 무분별하게 사용하는 사람들의 잘못이지 스마트폰 자체가 문제는 아니지 않나?

A: 우리 점심으로 떡볶이 먹을래?
B: 그건 간식이지 식사는 아니잖아. 떡볶이도 먹고 국수도 먹자.

A: 그건 일시적인 방법이지 근본적인 해결책은 아니잖아요.
A: 내가 도와주고 싶어서 도와준 거지 뭘 바라고 도와준 건 아니야.
A: 의사는 우리 부모님이 원하시는 꿈이지 내 꿈은 아니야.

> **1** '-(이)지 -은/는 아니다'는 말하는 사람의 생각이나 의견을 '-(이)지' 앞에, 동의하지 않는 내용을 '-은/는 아니다' 앞에 써서 서로 상반되는 내용을 표현한다.
>
> **2** 토론에서는 상대방이 말한 내용을 부정하고 그와 반대되는 자신의 의견을 말할 때 사용한다. 주로 '-(이)지 -은/는 아니지 않나(요)?', '-(이)지 -은/는 아니잖아(요)', '-(이)지 -은/는 아니라고 생각합니다'와 같이 표현한다.

연습

연습 1. 다음 중에서 알맞은 단어를 골라 말해 보세요.

| 스마트폰 | 열에 아홉 | 주객이 전도되다 | 의존하다 | 오죽하다 |
| 노선 | 무분별하다 | 자체 | 조절하다 | 유용하다 |

1 가: 그 얘기 들었어요? 우리 회사 뒤에 있는 산을 없애고 골프장을 짓는대요.
　　나: 그렇게 _____게 개발을 하다가는 큰일이 날 텐데…….

2 가: 이 건물은 너무 낡지 않았나요?
　　나: 걱정 마세요. 건물 _____은/는 조금 낡았지만 실내 인테리어가 훌륭합니다.

3 가: 이 어플은 뭐야?
　　나: 아, 이거. 맛집 찾아 주는 어플인데 낯선 데 가서 식당 찾을 때 정말 _____.

4 가: 저 신발 좀 봐. 편해 보이지 않니?
　　나: 요즘 밖에 나가면 여고생들 _____은/는 저 신발을 신고 있더라.

연습 2. 공통으로 들어갈 단어를 넣어 말해 보세요.

| 체중을 _____(으)ㄴ/는 가장 효과적인 방법은 운동입니다. |
| 너무 시끄러운데 TV 소리를 좀 _____ 아/어/여줄 수 있어요? |
| 정부에서 물가를 _____기 위해서 여러 방법을 제시하고 있다. |

연습 3. '-기는 하다'를 사용해서 말해 보세요.

1 가: 이 영화 봤어? 요즘 재미있다고 소문났던데.

  나: 응. 지난주에 봤는데 _____ 좀 유치하더라.

2 가: 회사 생활은 어때? 많이 바쁘지?

  나: _____ 보람이 있어요. 같이 일하는 사람들도 좋고요.

연습 4. '-(ㄴ/는)다잖아(요)'를 사용해서 말해 보세요.

1 가: 말하기 대회에서 흐엉 씨가 1등하면 좋겠어요.

  나: 저도요. 요즘 흐엉 씨가 밤낮으로 열심히 _____.

2 가: 우리 학교 앞에 _____. 언제쯤 완공될까요?

  나: 뉴스에선 내년 3월이라고 하던데요.

연습 5. '-(이)지 -은/는 아니다'를 사용해서 말해 보세요.

1 가: 지연 씨랑 앤드루 씨가 사귄다는 소문이 있던데요.

  나: 아니에요. 두 사람은 _____.

2 가: 어머, 이 가수 이름이 뭐예요? 노래를 정말 잘하는데요.

  나: 정은수예요. 근데 그 사람은 _____. 노래를 너무 잘해서 가수인 줄 아는 사람들이 많아요.

연습 **6.** 다음 중에서 알맞은 표현을 사용해서 말해 보세요.

| -기는 하다 | -(ㄴ/는)다잖아(요) | -(이)지 -은/는 아니다 |

1 가: 여기 음식 정말 다 맛있다.

　나: _____. (여기 음식이 비싸다, 정말 맛있다)

2 가: 아무래도 저 때문에 이번 계약이 취소된 것 같아요. 죄송해요.

　나: 아니에요. 이번 계약이 취소된 건 _____.
　　　　　　　　　　　　　　　　　　(제품 때문이다, 앤드루 씨 잘못 때문이다)

3 가: 한국어 시험에 합격하려면 준비를 많이 해야 한다면서요?

　나: 네, 시험이 그렇게 _____. (어렵다)

활동

활동 **1.** 토론을 위해 스마트폰 사용과 관련된 단어를 말해 보세요. 단어의 의미를 모르는 사람이 있으면 뜻도 함께 설명해 주세요.

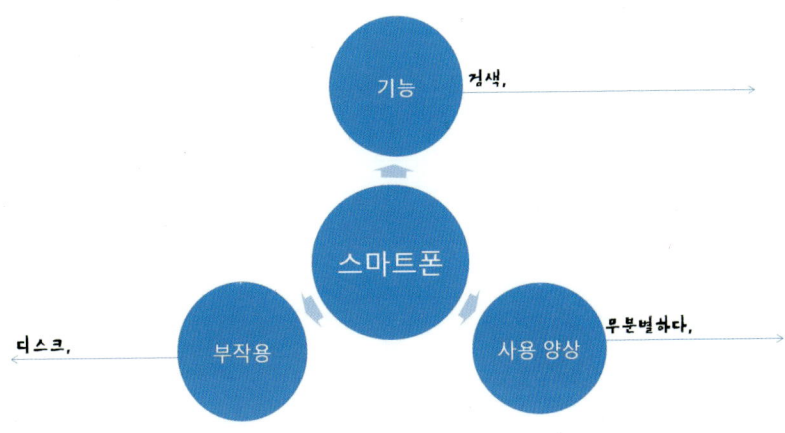

활동 2. 카드를 뽑아서 나온 표현을 사용하여 상대방의 말에 일부만 동의하기 연습을 해 보세요.

① 카드를 한 장씩 뽑으세요. 자신이 말할 차례가 되면 반드시 이 표현을 사용해야 합니다.

1. 스마트폰으로 인해 우리 삶이 정말 편리해졌어요. 스마트폰으로 책도 볼 수 있고, 한국어 공부도 할 수 있잖아요.
2. 그렇기는 하지만 ……
3. 좋은 지적이기는 합니다만 ……
4. -기는 해도 ……
5. 그 말씀도 맞기는 합니다만 ……
6. -기는 하죠. 하지만 ……
7. 그 의견에도 일리가 있기는 하지만 ……
8. 그 말씀도 맞기는 하지만 ……
9. 좋은 말씀이기는 하지만 ……
10. 일리가 있는 말씀이기는 합니다만 ……
11. 그 말씀도 맞기는 한데 ……
12. -기는 합니다만 ……

② 카드에 적힌 번호 순서대로 일어나서 자신의 주장을 말합니다. 이때, 상대방의 주장을 잘 듣고 말을 해야 합니다.
③ 반 친구들이 모두 한 번씩 주장하기를 연습해 볼 때까지 반복합니다.

> **교사 도움말**
> 학생의 수가 더 많다면 표현을 다른 방식으로 조합해서 학생 수만큼 표현 카드를 더 준비한다.

활동 3. 스마트폰이 우리 삶에 미치는 영향이 긍정적이라는 주장에 찬성합니까, 반대합니까? 생각이 같은 두 명이 짝이 되어 이에 대한 주장과 근거를 말해 보세요.

입장	스마트폰이 우리 삶에 미치는 영향을 긍정적으로 생각합니까, 부정적으로 생각합니까?

근거	예상되는 반론	반박
스마트폰이 우리 삶에 긍정적인 변화를 가져왔다는 주장에 찬성 혹은 반대하는 이유는 무엇입니까?	당신과 다른 입장에 있는 사람들은 어떤 이유에서 스마트폰이 우리 삶에 긍정적인 변화를 가져왔다는 주장에 반대 혹은 찬성합니까?	당신과 다른 입장에 있는 사람의 생각을 반박할 수 있는 근거는 무엇입니까?

결론	스마트폰이 우리 삶에 긍정적인 변화를 가져왔다는 주장에 대한 자신의 생각과 근거를 정리해 보세요.

활동 4-1. 스마트폰이 우리 삶에 미치는 영향에 대해 학급 친구들과 자유롭게 토론해 보세요. 이때, 다른 사람의 주장과 근거를 간단하게 메모하며 토론에 참여합시다.

긍정적	부정적

활동 4-2. 두 명의 학생은 앞에 나와 토론이 진행되는 동안 각각 찬성과 반대 측에서 주장한 내용을 칠판에 메모하세요. 토론이 끝나면 메모를 담당했던 학생들이 칠판의 메모를 보면서 오늘의 토론을 정리하여 말해 보세요.

> **교사 도움말**
> 이번 시간에는 반 전체 학생들이 함께 참여하는 단체 토론을 한다. 토론에 적극적으로 참여하지 못하는 학생에게는 교사가 중간에 발언권을 줘서 함께 참여할 수 있게 지도한다.

정리와 평가

1. 오늘의 '토론 왕'을 뽑아 보세요. 그렇게 생각한 이유도 함께 말해 보세요.

2. 다음 질문에 답을 하면서 나의 토론 실력을 확인해 보세요.

질문	잘함	보통	못함
상대방의 말을 듣고 주장의 핵심을 이해할 수 있었습니까?			
상대방의 주장을 듣고 반대하여 나의 주장을 펼칠 수 있었습니까?			
상대방의 주장에 일부만 동의할 때 필요한 표현을 잘 사용할 수 있었습니까?			
총평 및 보완점			

3. 토론의 내용을 바탕으로 스마트폰이 우리 삶에 미친 영향에 대한 자신의 주장과 근거를 말해 보세요.

> 이렇게 말하면 돼요.

내용 이해 질문

1. 눈이 나빠지고 디스크에 걸릴 수 있다.
2. ① 거짓
   ② 거짓
   ③ 참
   ④ 거짓
3. ① 참
   ② 참
   ③ 거짓
   ④ 거짓

연습

1. ① 무분별하
   ② 자체는
   ③ 유용해
   ④ 열에 아홉은
2. 조절하다
3. 예 ① 재미있기는 한데
   ② 바쁘기는 하지만
4. 예 ① 친하게 지내는 거지 사귀는 건 아니에요
   ② 영화배우지 가수는 아니에요
5. 예 ① 연습한다잖아요
   ② 지하철역이 새로 생긴다잖아요
6. ① 여기 음식이 비싸기는 해도/하지만 정말 맛있어
   ② 제품 때문이지 앤드루 씨 잘못 때문은 아니에요
   ③ 어렵다잖아요

04 외모도 경쟁력인가?

준비

준비 1. 네 명씩 모둠을 만든 후 자신이나 주변 사람의 경험, 또는 유명한 일화 등을 떠올리며 외모와 관련된 이야기를 나눠 보세요.

- 외모 때문에 혜택을 받거나 불이익을 당한 경험
- 외모로 다른 사람을 판단한 경험
- 외모를 가꾸기 위한 노력
- 첫인상을 결정하는 가장 중요한 요인

준비 2. 취업에 외모가 미치는 영향력, 외모에 대한 사람들의 인식 등에 관한 설문 조사 결과가 있는지 찾아보고, 그 내용을 함께 말해 보세요.

	한국의 설문 조사	여러분 나라의 설문 조사
누가 한 설문 조사입니까?		
언제 한 설문 조사입니까?		
누구에게 한 설문 조사입니까?		
무엇에 대한 설문 조사입니까?		

Korean Speaking-Discussion

응답 결과는 어떻게 나왔습니까?		
이 결과를 통해 알 수 있는 것은 무엇입니까?		

준비 **3.** 외모도 경쟁력이라는 주장에 찬성·반대하는 근거에 대해 조사해 본 다음에 네 명씩 모둠을 만들어 조사한 내용을 서로 말해 보세요. 그리고 그 내용을 정리해서 앞에 나와 말해 보세요.

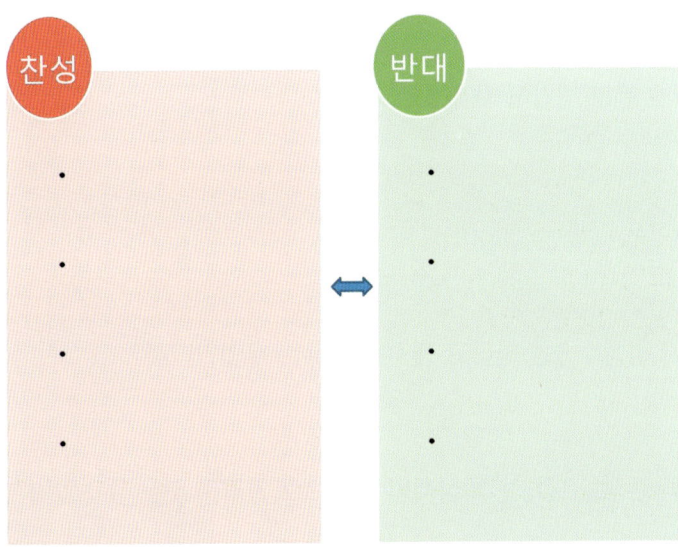

예시 담화 🎧 04

듣기 지현이는 입사 면접을 앞두고 친구들과 차를 마시면서 어떻게 하면 면접에서 좋은 인상을 심어 줄 수 있을지 이야기를 나누고 있습니다. 남자들과 여자들 중에서 외모도 경쟁력이라고 주장하는 사람은 누구인가요? 대화를 잘 듣고 대답해 보세요.

내용 이해 질문

1. 지현이가 성형수술을 하려고 생각한 이유는 무엇입니까?

2. 여자들이 주장을 펼치는 핵심적인 방법으로 알맞은 것은 무엇입니까? (   )

   ① 자신의 경험을 제시하여 상대방을 설득하고 있다.
   ② 연구 결과를 인용하여 자신의 주장을 뒷받침하고 있다.
   ③ 유명한 속담과 격언을 사용하여 자신의 의견을 주장하고 있다.
   ④ 설문 결과를 제시하여 자신의 생각이 일반적임을 주장하고 있다.

3. 대화에서 외모가 경쟁력이라고 주장하는 사람들이 든 근거와 일치하면 '참', 일치하지 않으면 '거짓'으로 대답하세요.

① 외모는 자기 관리의 척도이다. (   )
② 실제 기업의 인사 담당자들이 외모를 중요하게 생각한다. (   )
③ 예뻐지거나 잘생겨지면 자신감이 생겨 업무 능력이 향상된다. (   )
④ 외모가 뛰어난 사람이 업무 능력도 뛰어나다는 연구 결과가 있다. (   )

4. 대화에서 외모가 경쟁력이라는 주장에 반대하는 사람들이 든 근거와 일치하면 '참', 일치하지 않으면 '거짓'으로 대답하세요.

① 사람을 판단하는 데에는 외모보다 성품이나 능력이 더 중요하다. (   )
② 외모를 가꾸는 데에 신경을 쓰다 보면 성형중독에 빠질 위험이 높다. (   )
③ 첫 만남에서도 대부분의 사람들은 외모보다는 얼굴 표정을 더 중요하게 생각한다. (   )
④ 성형수술을 통해 외모를 가꾸는 것보다 능력을 개발하는 게 차라리 더 쉽고 빠르다. (   )

단어

인상	성형수술	기업	인사
담당자	대상	설문 조사	채용
외모	경쟁력	호감	첫인상
성품	친화력	참고하다	절대적
자기 관리	분명하다	척도	상냥하다
퉁명스럽다	인위적	가꾸다	차라리
연구소	요인	체격	당당하다

표현

표현 1. -(이)라니까(요)

A: 실제로 회사에서 원하는 사람은 능력 있으면서, 친화력 있고 성실한 사람이라니까. 외모는 참고만 하는 거지 절대적인 기준은 아니야.
B: 사람을 판단하는 데에는 물론 성품과 능력이 가장 중요하지.

A: 엊그제 뉴스에서 기업 인사 담당자를 대상으로 설문 조사를 했는데 90% 이상이 채용할 때 외모를 중요하게 본다더라.
B: 그래, 요즘엔 외모도 경쟁력이라니까.

A: 내가 전에 저 사람 만난 적이 있다니까요.
A: 밖에 날씨가 엄청 춥다니까.
A: 거짓말하는 거 아니라니까.

> **1** '-(이)라니까(요)'는 명사 뒤에 붙어 상대방이 확신을 갖지 못할 것이라고 생각되는 내용을 다시 한 번 강조하여 말할 때 사용하는 표현이다. 받침이 있는 명사 뒤에는 '-이라니까(요)'를, 받침이 없는 명사 뒤에는 '-라니까(요)'를 쓴다.
>
> **2** 동사나 형용사의 뒤에서는 '-(ㄴ/는)다니까(요)'의 형태로 쓴다. 받침이 있는 동사 뒤에는 '-는다니까(요)'를 쓰며, 받침이 없는 동사 뒤에는 '-ㄴ다니까(요)'를 쓴다. 단, 받침이 'ㄹ'인 경우 'ㄹ'을 탈락시킨 후 '-ㄴ다니까(요)'를 쓴다. 형용사나 '-았/었/였-', '-겠-' 뒤에는 '-다니까(요)'를 쓴다.
>
> **3** 토론에서는 앞에서 한 번 말한 내용을 다시 반복해서 말함으로써 자신의 주장을 강조할 때 사용할 수 있다. 그러나 '-(이)라니까(요)'의 끝을 올려 상승조 억양으로 강하게 발음하면 짜증을 내고 있다는 느낌을 주어 상대방에게 불쾌감을 줄 수 있기 때문에 주의해야 한다.

표현 2. -(ㄴ/는)다고 하더라고(요)

A: 엊그제 뉴스에서 기업 인사 담당자들을 대상으로 설문 조사를 했는데 90% 이상이 채용을 할 때 외모를 중요하게 본다잖아. 외모도 경쟁력이란 말이 정말 맞나 봐.
B: 나도 비슷한 설문 결과를 본 적이 있기는 해. 대학생들을 대상으로 한 설문이었는데, 98%가 외모가 경쟁력이라고 답을 했다고 하더라고.

A: 모하메드가 다음 달에 이집트로 돌아간다고 하더라고요.
B: 정말? 가기 전에 우리 다 같이 만나서 환송회해야겠다.

A: 중국에서는 빨간색이 행운을 뜻한다고 하더라고요.
A: 우리 자주 가던 학교 앞 식당이 문을 닫는다고 하더라고요.
A: 요즘엔 다섯 살부터 영어 학원에 다닌다더라고.

> **1** '-(ㄴ/는)다고 하더라고(요)'는 동사나 형용사 뒤에 붙어 다른 사람에게 들어서 알게 된 내용을 회상하여 상대방에게 전달함을 나타낸다. 들은 내용을 회상하면서 그 일에 대한 느낌이나 새롭게 알게 된 사실을 현장감 있게 상대방에게 전달할 때 사용한다. 받침이 있는 동사 뒤에는 '-는다고 하더라고(요)'를 쓰며, 받침이 없는 동사 뒤에는 '-ㄴ다고 하더라고(요)'를 쓴다. 단, 'ㄹ' 받침으로 끝나는 동사 뒤에는 'ㄹ'을 탈락시킨 후 '-ㄴ다고 하더라고(요)'를 쓴다. 형용사나 '-았/었/였-', '-겠-' 뒤에는 '-다고 하더라고(요)'를 쓴다.
>
> **2** '-(ㄴ/는)다더라고(요)'로 줄여 쓸 수 있다.
>
> **3** 명사 뒤에는 '-(이)라고 하더라고(요)'의 형태로 쓴다. 받침이 있는 명사 뒤에는 '-이라고 하더라고(요)'를, 받침이 없는 명사 뒤에는 '-라고 하더라고(요)'를 쓴다.

표현 3. -만큼(이나) -(으)ㄴ/는 -도 없다

A: 실제로 회사에서 원하는 사람은 능력 있으면서, 친화력 있고 성실한 사람이라니까. 외모는 참고만 하는 거지 절대적인 기준은 아니야.
B: 사람을 판단하는 데에는 물론 성품과 능력이 가장 중요하지. 그런데 외모만큼 자기 관리의 분명한 척도가 되는 것도 없잖아.

A: 매일 30분씩 걷는 것만큼 몸에 좋은 것도 없어.
B: 맞아요. 꾸준히 걸으면 굳이 다른 운동을 할 필요가 없다더라고요.

A: 건강만큼이나 우리 삶에 중요한 것도 없죠.
A: 하프만큼 소리가 아름다운 악기도 없는 것 같아.
A: 지현 씨만큼이나 매사에 열심히 하는 사람도 없지 않아요?

> **1** '-만큼(이나) -(으)ㄴ/는 -도 없다'는 다른 어떤 것과 비교해도 '만큼' 앞에 오는 명사가 그러한 성질을 가장 많이 가지고 있음을 나타낸다. '만큼' 앞에는 강조하고자 하는 대상을 나타내는 명사가, '-(으)ㄴ/는' 앞에는 강조하고 싶은 대상의 특징을 나타내는 동사나 형용사가 오며, '-도 없다' 앞에는 그 대상이 속하는 범주를 나타내는 명사가 온다.
>
> **2** '만큼' 뒤에 '이나'를 붙여 그 의미를 강조할 수 있다.

연습

연습 1. 다음 중에서 알맞은 단어를 넣어 말해 보세요.

자기 관리	친화력	성품	경쟁력	차라리
가꾸다	당당하다	상냥하다	퉁명스럽다	분명하다

1 가: 마땅히 먹을 게 없네. 그냥 간단히 햄버거 먹을래?

  나: 난 햄버거는 별로야. _____ 김밥 먹으러 가자.

2 가: 윤우 씨는 _____ 이/가 참 철저한 것 같아.

  나: 맞아. 그렇게 바쁜데도 운동도 꾸준히 하고, 책도 많이 읽잖아.

3 가: 학교 앞 커피숍 주인 말이야. 참 _____ 지 않아?

  나: 맞아. 언제나 웃는 얼굴로 친절하게 대해 주니까 볼 때마다 기분이 좋아지더라.

연습 2. 공통으로 들어갈 단어를 넣어 말해 보세요.

| 발음을 _____ 해야지. 무슨 말인지 못 알아듣겠다. |
| 한국어 공부를 할 때 목표가 _____ 사람일수록 실력이 금방 늘더라. |
| 흐엉 씨가 기분이 나쁜 게 _____. 아까는 인사도 안 받더라니까. |

연습 3. '-(이)라니까(요)'를 사용해서 말해 보세요.

1 가: 난 처음엔 모하메드 씨가 말을 안 해서 한국어를 잘 못하는 줄 알았어.

  나: 나도 처음엔 한국어를 _____.

2 가: 안나 씨, 무슨 일 있어요? 기운이 없어 보여요.

  나: 요즘 너무 우울해요. 의욕이 없어서 _____.

연습 4. '-(ㄴ/는)다고 하더라고(요)'를 사용해서 말해 보세요.

1 가: 여긴 왜 이렇게 사람들이 많아요?

  나: 요즘 여기가 _____. 다음에 우리도 가 봐요.

2 가: 다음 주 금요일 저녁에 시간 돼요? 지은 씨가 _____.

나: 그래요? 몇 시에 한대요?

연습 5. '-만큼(이나) -(으)ㄴ/는 -도 없다'를 사용해서 말해 보세요.

1 가: 준영 씨는 여름 휴가 안 가요?

나: 당연히 가죠. 회사원들한테는 _____.

2 가: 절 배신한 친구한테 자꾸 화가 나요. 용서하기가 쉽지 않네요.

나: _____. 시간이 해결해 줄 거예요.

연습 6. 다음 중에서 알맞은 표현을 사용하여 말해 보세요.

| -(이)라니까(요)   -(ㄴ/는)다고 하더라고(요)   -만큼(이나) -(으)ㄴ/는 -도 없다 |

1 가: 한국에선 어떤 술이 제일 유명해요?

나: _____.

(소주, 유명하다)

2 가: 지현 씨가 그러는데 결혼식장에는 _____. 왜 그래요?

나: 신부가 가장 예뻐 보이도록 배려하는 거예요.

(하얀 옷을 입고 가면 안 된다)

3 가: 이번에 나온 스마트폰 봤어? 정말 멋있던데 너무 비싸더라.

나: 맞아, 너무 비싸. 그래서 난 그거 사려고 요즘 _____.

(수업 끝나고 아르바이트하다)

활동

활동 1. 토론을 위해 외모 및 취업과 관련된 단어를 말해 보세요. 단어의 의미를 모르는 사람이 있으면 뜻도 함께 설명해 주세요.

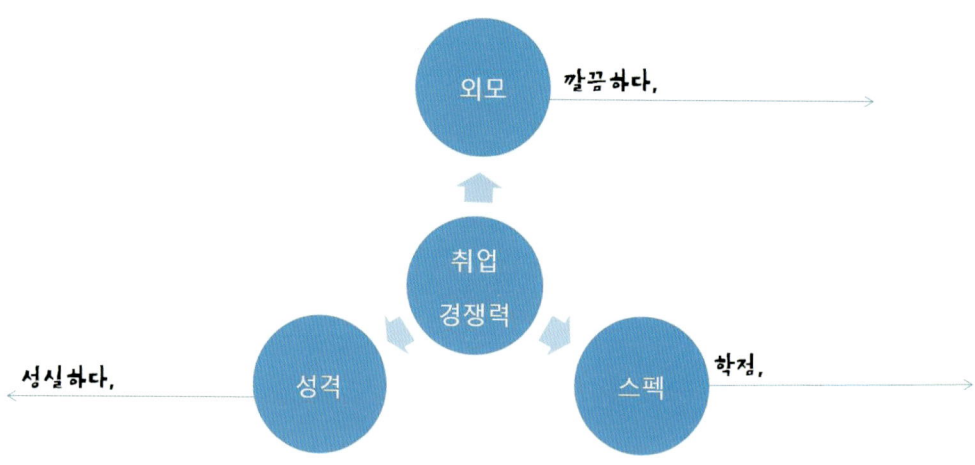

활동 2. 카드를 뽑아서 나온 표현을 사용해서 설문 조사 결과를 인용하여 주장하는 연습을 해 보세요.

① 카드를 한 장씩 뽑으세요.
② 두 사람이 짝이 되어 수업 전에 준비해 왔던 설문 조사의 결과를 서로 말해 보세요. 이때, 반드시 자신이 뽑은 카드에 있는 표현을 사용해야 합니다.

> 1. -에서 -을/를 대상으로 -(이)라는 주제로 설문 조사를 실시했습니다.
> 2. 그 결과 -%의 사람들이 -(ㄴ/는)다고 응답했습니다.

> 1. -에서 -을/를 대상으로 -(이)라는 주제로 설문 조사를 실시했는데요.
> 2. 그 결과 응답자의 -%가 -(ㄴ/는)다고 답했습니다.

> 1. -에서 -을/를 대상으로 -(이)라는 주제로 설문 조사를 실시했습니다.
> 2. 그 결과 -(ㄴ/는)다고 답한 사람들이 -%에 이르렀습니다.

> 1. -에서 -을/를 대상으로 한 설문 조사가 있는데요.
> 2. -(으/느)냐는 질문에 -(ㄴ/는)다고 응답한 사람이 -%에 이른다고 합니다.

> 1. -을/를 대상으로 -에서 설문 조사를 했는데요.
> 2. -(으/느)냐는 질문에 -%의 사람들이 -(ㄴ/는)다고 했습니다.

> 1. -에서 -에게 -(이)라는 주제로 실시한 설문 조사가 있는데요.
> 2. 응답자의 -%가 -(ㄴ/는)다고 응답했다고 합니다.

③ 두 사람의 말하기가 끝나면 다른 짝을 만나서 ②의 활동을 반복합니다.

> **교사 도움말**
> 1. 학생의 수가 더 많다면 표현들을 다른 방식으로 조합해서 학생 수만큼 표현 카드를 준비한다.
> 2. 이 활동은 설문 결과를 근거로 들어 자신의 주장을 펼칠 때 자주 사용되는 표현을 연습하기 위한 활동이다. 학생들이 말할 내용에 대해 부담을 갖지 않게 [준비 2]에서 조사해 온 내용을 적극적으로 활용하도록 지도한다.

활동 3. 외모도 경쟁력이라는 주장에 찬성합니까, 반대합니까? 생각이 같은 두 명이 짝이 되어 이 주장에 대한 생각과 근거를 말해 보세요. 이때 자신의 주장을 뒷받침할 수 있는 설문 결과가 있다면 근거로 들어 말해 보세요.

주장	외모도 경쟁력이라는 주장에 찬성합니까, 반대합니까?		
	근거 외모도 경쟁력이라는 주장에 찬성 혹은 반대하는 이유는 무엇입니까?	**예상되는 반론** 당신과 다른 입장에 있는 사람들은 어떤 이유에서 외모도 경쟁력이라는 주장에 반대 혹은 찬성합니까?	**반박** 당신과 다른 입장에 있는 사람의 생각을 반박할 수 있는 근거는 무엇입니까?
결론	외모도 경쟁력이라는 주장에 대한 자신의 생각과 근거를 정리해 보세요.		

활동 4-1. 외모도 경쟁력이라는 주장에 대해 학급 친구들과 자유롭게 토론해 보세요. 이때, 주장을 뒷받침할 수 있는 설문 조사 결과가 있다면 적극적으로 활용해 보세요.

찬성	반대

활동 4-2. 두 명의 학생은 앞에 나와 토론이 진행되는 동안 각각 찬성과 반대 측에서 주장한 내용을 칠판에 메모하세요. 토론이 끝나면 메모를 담당했던 학생들이 칠판의 메모를 보면서 오늘의 토론을 정리하여 말해 보세요.

정리와 평가

1. 오늘의 '토론 왕'을 뽑아 보세요. 그렇게 생각한 이유도 함께 말해 보세요.

> **교사 도움말**
> 이번 시간의 '토론 왕'은 설문 결과를 근거로 들어 주장하기를 가장 잘한 사람을 뽑아 보는 것도 좋다.

2. 다음 질문에 답을 하면서 나의 토론 실력을 확인해 보세요.

질문	잘함	보통	못함
주장을 뒷받침할 수 있는 설문 조사 결과를 활용해서 나의 주장을 펼칠 수 있었습니까?			
설문 조사 결과를 전달하여 말할 때 필요한 표현을 잘 사용할 수 있었습니까?			
상대방이 제시한 설문 결과가 적절한 근거가 될 수 있는지 판단할 수 있었습니까?			
총평 및 보완점			

3. 토론 내용을 바탕으로 외모도 경쟁력이라는 주장에 대한 자신의 생각과 근거를 말해 보세요.

이렇게 말하면 돼요.

내용 이해 질문
1. 면접에서 좋은 점수를 얻기 위해서
2. ④
3. ❶ 참   ❷ 참   ❸ 거짓   ❹ 거짓
4. ❶ 참   ❷ 거짓   ❸ 참   ❹ 거짓

연습
1. ❶ 차라리
   ❷ 자기 관리가
   ❸ 상냥하지
2. 분명하다

3. 예 ❶ 한마디도 할 줄 모른다고 생각했다니까
   ❷ 아무것도 하기 싫다니까요
4. 예 ❶ 맛집으로 소문난 식당이라고 하더라고요
   ❷ 아이 돌잔치를 한다고 하더라고요
5. 예 ❶ 여름 휴가만큼 신나는 것도 없잖아요
   ❷ 다른 사람을 용서하는 것만큼 힘든 것도 없죠
6. ❶ 소주만큼 유명한 것도/술도 없죠
   ❷ 하얀 옷을 입고 가면 안 된다고 하더라고요
   ❸ 수업 끝나고 아르바이트 한다니까

05 출석률, 성적에 반영해야 하는가?

준비

준비 1. 네 명씩 짝을 지어 자신의 경험을 말해 보세요.

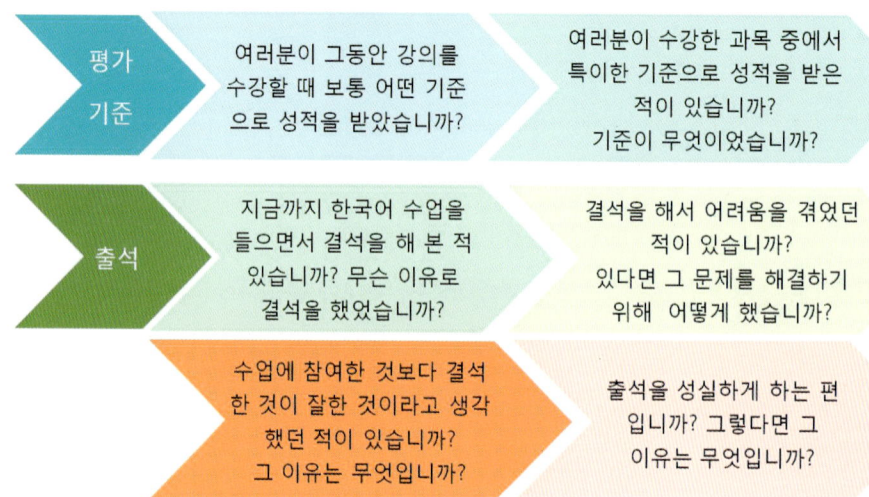

준비 2. 여러분이 만약 한국어 수업을 하는 선생님이라면 어떤 기준으로 학생들을 평가하겠습니까? 평가 기준과 비중을 생각해 보세요. 그리고 그 이유를 말해 보세요.

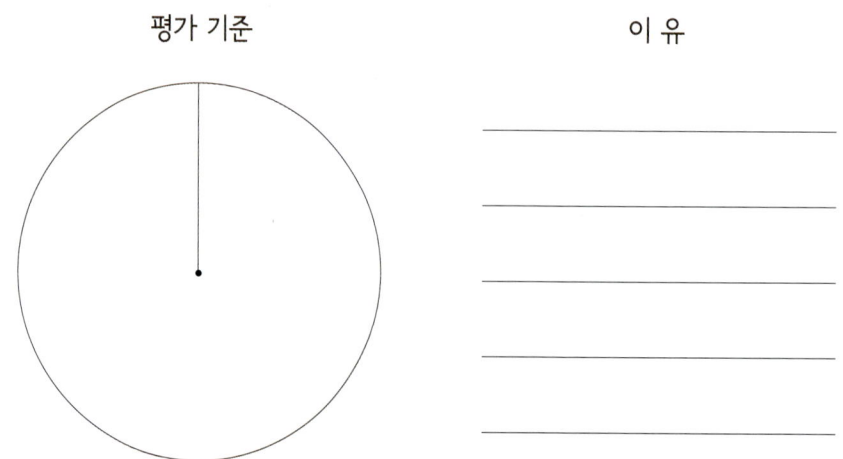

Korean Speaking-Discussion

준비 **3.** 출석률을 성적에 반영해야 한다는 주장에 찬성·반대하는 근거에 대해 조사해 본 다음에 네 명씩 모둠을 만들어 조사한 내용을 서로 말해 보세요. 그리고 그 내용을 정리해서 앞에 나와 말해 보세요.

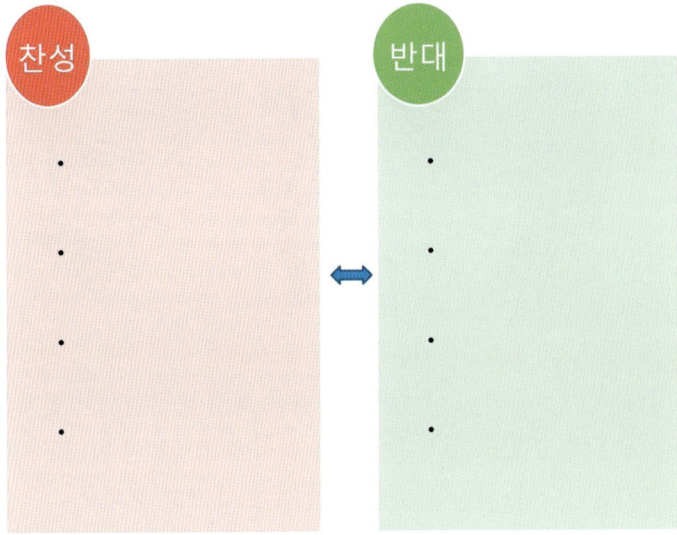

예시 담화 🎧 ⑤

듣기 한국어 고급반 교실에서 출석률을 성적에 반영해야 할지에 대해 서로 의견을 나누고 있습니다. 출석률을 성적에 반영해야 한다고 생각하는 사람은 여자들입니까, 남자들입니까? 잘 듣고 대답해 보세요.

내용 이해 질문

1. 여자들이 주장을 펼치는 핵심적인 방법으로 알맞은 것은 무엇인지 고르세요. (　　)

　① 자신의 경험을 제시하여 상대방을 설득하고 있다.
　② 연구 결과를 인용하여 자신의 주장을 뒷받침하고 있다.
　③ 유명한 속담과 격언을 사용하여 자신의 주장을 펼치고 있다.
　④ 설문 결과를 제시하여 자신의 생각이 일반적임을 주장하고 있다.

2. 대화에서 출석률을 성적에 반영해야 한다고 주장하는 사람들이 든 근거와 일치하면 '참', 일치하지 않으면 '거짓'으로 대답하세요.

　① 출석률은 학생의 성실도를 반영한다.　　　　　　　　　　　　　　(　　)
　② 결석이 계속되면 수업 내용을 이해하지 못해 한국어 공부를 포기할 수 있다.　(　　)
　③ 학교를 자주 빠지면 친구들과의 사이가 멀어져 한국 생활이 힘들어질 수 있다.　(　　)
　④ 결석자가 많으면 수업이 계획대로 진행되지 않아 다른 학생들에게 피해를 줄 수 있다.　(　　)

3. 대화에서 출석률을 성적에 반영하면 안 된다고 주장하는 사람들이 든 근거와 일치하면 '참', 일치하지 않으면 '거짓'으로 대답하세요.

1 한국어 수업에서는 한국어 능력만으로 평가해야 한다. ( )
2 학교 수업에 참여하는 것은 자율적으로 결정할 문제이다. ( )
3 결석한 날의 수업 내용은 자습을 통해 충분히 보충할 수 있다. ( )
4 출석 점수 때문에 억지로 수업에 참여한 학생들이 수업 분위기를 망칠 수 있다. ( )

단어

출석률	반영하다	판단하다	개근
교육과정	이수하다	게으름	욕구
평가하다	완성하다	참여하다	불성실하다
피해	결석하다	손해	애쓰다
자율	융통성	피치 못하다	사정
자습	보충하다	강제적	무리
의무화	자발적	팽팽하다	다수결

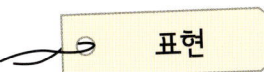

표현 1. -도록 하겠다

A: 지금부터는 출석률을 성적에 반영해야 할지에 대해 이야기를 나눠 보도록 하겠습니다.
B: 출석은 학생이 얼마나 성실한지를 판단할 수 있는 기준이 된다고 생각해요.

A: 더 다른 의견이 없나요? 더 없으면 다수결로 결정하도록 하겠습니다.
A: 선생님 말씀을 잘 듣도록 하겠습니다.
A: 청소는 제가 마무리하도록 하겠습니다.
A: 앞으로 다시는 이런 일이 없도록 하겠습니다.

> ❶ '-도록 하겠다'는 동사 뒤에 붙어 말하는 사람이 어떤 행위를 하려고 한다는 의지나 의도를 나타낸다.
>
> ❷ 토론에서는 주로 사회자가 토론의 진행 방향을 제시할 때나 토론자가 앞으로 말할 내용을 간략하게 소개할 때 사용된다.

표현 2. -(으)ㄴ/는데(요)

A: 한국어 수업에서는 한국어를 얼마나 잘하는지를 평가하면 되는 것이지, 그 사람이 얼마나 성실한 사람인지를 평가할 필요는 없다고 생각해요.
B: 저는 좀 생각이 다른데요. 강의를 듣고 주어지는 성적은 단순히 한국어 능력만을 기준으로 해야 한다고 생각하지 않습니다.

A: 두 의견이 팽팽한데요. 더 다른 의견이 없나요? 더 없으면 다수결로 결정하도록 하겠습니다.
A: 선생님, 질문이 있는데요.
A: 부모님은 지금 집에 안 계시는데요. 무슨 일이세요?
A: 지금까지 찬성 측 의견을 들어 봤는데요.

> ❶ '-(으)ㄴ/는데(요)'는 동사나 형용사의 뒤에 붙어 상대방의 관심을 이끌어 내면서 그러한 상황임을 전달하여 말함을 나타낸다. 동사, '있다/없다', '-았/었/였-', '-겠-' 뒤에서는 '-는데(요)'를 쓰며, 받침이 없는 형용사나 '이다/아니다' 뒤에서는 '-ㄴ데(요)'를, 그리고 받침이 있는 형용사 뒤에는 '-은데(요)'를 쓴다. 단, 받침이 'ㄹ'로 끝나는 형용사인 경우 'ㄹ'을 탈락시킨 후 '-ㄴ데(요)'를 쓴다.
>
> ❷ 명사 뒤에서는 '-(이)ㄴ데(요)'의 형태로 사용된다. 받침이 있는 명사 뒤에서는 '-인데(요)'를 쓰며, 받침이 없는 명사 뒤에서는 '-ㄴ데(요)'를 쓴다.
>
> ❸ 토론에서는 주로 진행자가 토론을 시작하면서 토론 주제를 설명할 때나 토론 중간에 토론의 진행 상황을 점검할 때, 그리고 토론을 마무리하면서 토론의 내용을 정리하거나 평가할 때 주로 사용된다. '-습니다'보다 부드러운 어감을 준다.

표현 3. -(ㄴ/는)다면

A: 학생들이 불성실하게 수업에 참여한다면 계획대로 수업을 진행할 수 없게 되고, 이로 인해 다른 사람들에게도 피해를 주게 되니까요.
B: 맞아요. 예전에 선생님께서 우리 반 학생 12명이 모두 수업에 참여할 것이라고 생각하고 여러 명이 있어야 할 수 있는 활동을 준비해 왔는데, 학생들이 결석을 많이 해 결국 그 활동을 하지 못하게 됐던 적이 있었어요.

A: 네가 미안하다고 얘기한다면 페이 씨도 화를 풀 거야.
B: 정말 그럴까? 너무 미안해서 말도 못 걸겠어.

A: 스무 살로 돌아간다면 세계 일주를 하고 싶어.
A: 졸업 여행에 가고 싶지 않다면 안 가도 돼.
A: 내 말을 못 믿겠다면 수지 씨한테 물어봐.

> **1** '-(ㄴ/는)다면'은 동사나 형용사의 뒤에 붙어 어떤 상황을 가정하여 뒤따르는 문장의 행동이나 상황의 조건이 됨을 나타낸다. 받침 있는 동사 뒤에는 '-는다면'을 쓰며, 받침이 없는 동사나 받침이 'ㄹ'로 끝나는 동사 뒤에는 '-ㄴ다면'을, 형용사나 '-았/었/였-', '-겠-' 뒤에는 '-다면'을 쓴다.
>
> **2** '-(으)면'과 의미가 유사하다. 다만 '-(ㄴ/는)다면'이 '-(으)면'에 비해 일어날 가능성이 낮거나 현재 사실과 반대되는 상황을 가정한다는 의미가 더 강하다. 따라서 토론에서 '-(ㄴ/는)다면'은 극단적이거나 특수한 어떤 상황을 구체적으로 가정하여 상대방을 설득할 때에 주로 사용된다.

연습

연습 1. 다음 중에서 알맞은 단어를 넣어 말해 보세요.

| 반영하다 | 보충하다 | 판단하다 | 이수하다 | 평가하다 |
| 완성하다 | 참여하다 | 애쓰다 | 피치 못하다 | 팽팽하다 |

1 가: 배탈이 났나 봐요.

나: 괜찮아요? 배탈이 나면 따뜻한 물을 많이 마셔서 수분을 _____ 아/어/여 줘야 돼요.

2 가: 언어만큼 그 나라의 문화를 잘 _____ -(으)ㄴ/는 것도 없는 것 같아.

나: 예의를 중요하게 생각하는 나라에서 높임법이 발달한 것같이 말이지?

3 가: 이번 컴퓨터 강좌를 끝까지 _____ 지 않으면 승진할 때 불리하대.

나: 정말? 그럼 꼭 다 들어야겠다.

4 가: 나츠카 씨가 왜 갑자기 말도 없이 일본으로 돌아간 거예요?

나: 글쎄. 그렇게 갑자기 간 걸 보면 _____ -(으)ㄹ 사정이 있었겠지.

연습 **2.** 알맞은 것을 연결해서 말해 보세요.

1. 자율에 — 입다
2. 손해를 — 없다
3. 융통성이 — 피우다
4. 게으름을 — 맡기다

연습 **3.** '-도록 하겠다'를 사용해서 말해 보세요.

1. 가: 지금부터 _____. 모두 자리에 앉아 주십시오.
   나: 얼른 앉아. 회의 시작한대.

2. 가: 이번 학기 _____. 반장 후보를 추천해 주십시오.
   나: 저는 율리아 씨를 추천합니다.

연습 **4.** '-(으)ㄴ/는데(요)'를 사용해서 말해 보세요.

1. 가: 지현 씨가 회사를 그만둔다고 하던데.
   나: 그 얘기는 _____. 지현 씨가 아니라고 했어요.

2. 가: 웬 꽃이야? 누가 사다 놓은 거야?
   나: 그거 어제 _____.

연습 **5.** '-(ㄴ/는)다면'을 사용해서 말해 보세요.

1. 가: 돌아가신 할머니를 _____.
   나: 할머니가 많이 그립구나. 나도 그런데.

2. 가: 내일 운전면허 시험 보러 가지? 이번엔 꼭 합격했으면 좋겠다.
   나: 벌써 다섯 번째야. 이번에 또 _____.

연습 **6.** 다음 중에서 알맞은 표현을 사용하여 말해 보세요.

| -도록 하겠다 | -(으)ㄴ/는데(요) | -(ㄴ/는)다면 |

1 가: 지금까지 _____. 반대 의견을 들어 볼까요?

나: 물론 아이에게는 엄마의 보살핌이 필요하지만 엄마들에게만 일방적으로 육아의 책임이 주어지는 건 옳지 않다고 생각합니다.

(여성이 아이를 키워야 한다는 주장을 들어 보다)

2 가: 더 하실 말씀이 없으시면 _____.

나: 네, 그렇게 합시다. 수고하셨습니다.

(이상으로 회의를 마치다)

3 가: 너한테 _____?

나: 10억? 난 당장 회사 그만두고 여행 다니면서 살 거야.

(10억이 생기다, 그 돈으로 뭐 하다)

활동

활동 **1.** 토론을 위해 평가와 관련된 단어를 말해 보세요. 단어의 의미를 모르는 사람이 있으면 뜻도 함께 설명해 주세요.

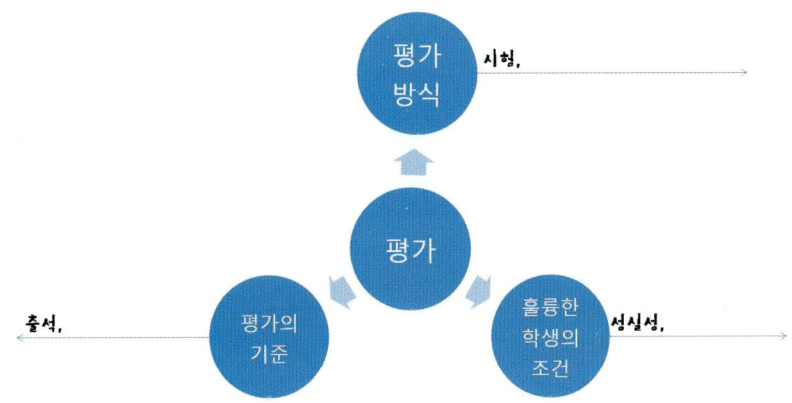

활동 2. 카드를 뽑아서 나온 표현을 사용하여 나의 경험을 근거로 들어 주장하기를 연습해 보세요.

① 네 명씩 모둠을 만든 후 '표현' 카드와 '주장' 카드를 한 장씩 뽑으세요.

> [표현] 이와 관련해서 저는 예전에 이런 적이 있었습니다.
>
> [표현] -(으)ㄹ 때 이런 경험이 있었는데요.
>
> [표현] 제가 경험했던 일을 말씀드려 보도록 하겠습니다.
>
> [표현] 누구나 한번쯤은 이런 경험을 하셨을 거라 생각이 되는데요. 제가 예전에 ……
>
> [주장] 출석과 한국어 실력은 아무런 관련이 없다.
>
> [주장] 결석을 자주 하면 수업 내용을 이해할 수 없어 한국어 공부에 대한 흥미를 잃게 될 수 있다.
>
> [주장] 말도 없이 수업에 빠지면 다른 학생들이 피해를 입을 수 있다.
>
> [주장] 피치 못할 사정이 있을 경우에는 무리해서 학교에 가는 것보다 결석을 하는 것이 더 효율적일 수 있다.

② '주장'과 관련된 자신의 경험을 근거로 들어 말해 보세요. 만약에 관련된 경험이 없다면, 친구나 아는 사람의 경험을 근거로 들어도 됩니다. 이때, 자신이 뽑은 표현을 반드시 사용해야 합니다.

③ 모둠별 활동이 끝나면 교사가 '주장' 카드를 하나 뽑아서 주장을 말합니다. 그러면 먼저 일어나는 팀이 그와 관련된 경험을 근거로 들어 주장을 펼칩니다. 주장과 근거가 적절하게 연결되면 1점을 받고, 부적절하면 다음 '주장'을 뽑을 때까지 말할 기회를 잃게 됩니다.

④ 1점을 얻은 모둠에서 이어서 쪽지를 뽑습니다. 주장을 말하면, 다시 ②와 같이 경험을 근거로 주장하는 말하기를 합니다. 가장 높은 점수를 얻은 모둠이 1등이 됩니다.

> **교사 도움말**
> 1. 이 활동은 경험을 근거로 들어 주장할 때 자주 사용되는 표현을 연습하기 위한 활동이다. 학생들이 말할 내용에 대해 부담을 갖지 않게 [준비 1]에서 말한 내용을 적극적으로 활용하도록 지도한다.
> 2. 활동의 난이도를 높이기 위해서는 '주장' 카드를 학습자들이 직접 만들도록 지도하면 된다.
> 3. 시간이 부족하면 ③와 ④를 생략하고 모둠 활동만 진행할 수 있다.

활동 3. 출석률을 성적에 반영해야 한다는 주장에 찬성합니까, 반대합니까? 생각이 같은 두 명이 짝이 되어 이 주장에 대한 생각과 근거를 말해 보세요. 주장을 뒷받침할 수 있는 경험이 있다면 적극적으로 활용해 보세요.

입장	출석률을 성적에 반영해야 한다는 주장에 찬성합니까, 반대합니까?

근거	예상되는 반론	반박
출석률을 성적에 반영해야 한다는 주장에 찬성 혹은 반대하는 이유는 무엇입니까?	당신과 다른 입장에 있는 사람들은 어떤 이유에서 출석률을 성적에 반영해야 한다는 주장에 반대 혹은 찬성합니까?	당신과 다른 입장에 있는 사람의 생각을 반박할 수 있는 근거는 무엇입니까?

결론	출석률을 성적에 반영해야 한다는 주장에 대한 자신의 생각과 근거를 정리해 보세요.

활동 4-1. 출석률을 성적에 반영해야 한다는 주장에 대해 학급 친구들과 자유롭게 토론을 해 보세요. 이때, 주장을 뒷받침할 수 있는 경험이 있다면 적극적으로 활용해 보세요.

찬성	반대

활동 4-2. 두 명의 학생은 앞에 나와 토론이 진행되는 동안 각각 찬성과 반대 측에서 주장한 내용을 칠판에 메모하세요. 토론이 끝나면 메모를 담당했던 학생들이 칠판의 메모를 보면서 오늘의 토론을 정리하여 말해 보세요.

정리와 평가

1. 오늘의 '토론 왕'을 뽑아 보세요. 그렇게 생각한 이유도 함께 말해 보세요.

> **교사 도움말**
> 이번 시간의 토론 왕은 자신의 경험을 근거로 주장하기를 가장 잘한 사람을 뽑아 보는 것도 좋다.

2. 다음의 질문을 생각하면서 나의 토론 실력을 확인해 보세요.

질문	잘함	보통	못함
나의 경험을 근거로 들어 주장을 펼칠 수 있었습니까?			
나의 경험 말하기에 필요한 표현을 잘 사용할 수 있었습니까?			
상대방이 제시한 경험이 적절한 근거가 될 수 있는지 판단할 수 있었습니까?			
총평 및 보완점			

3. 토론 내용을 바탕으로 출석률을 성적에 반영해야 한다는 주장에 대한 자신의 생각과 근거를 말해 보세요.

이렇게 말하면 돼요.

내용 이해 질문

1. ①
2. 1 참
   2 참
   3 거짓
   4 참
3. 1 참
   2 참
   3 참
   4 거짓

연습

1. 1 보충해   2 반영하는
   3 이수하   4 피치 못할
2. 1 자율에 맡기다
   2 손해를 입다
   3 융통성이 없다
   4 게으름을 피우다
3. 예 1 회의를 시작하도록 하겠습니다
   2 반장을 뽑도록 하겠습니다
4. 예 1 저도 들었는데요
   2 흐엉 씨가 사다 놓은 건데요
5. 예 1 꿈에서라도 만날 수 있다면 얼마나 좋을까
   2 떨어진다면 포기하고 그냥 버스 타고 다닐 거야
6. 1 여성이 아이를 키워야 한다는 주장을 들어 봤는데요
   2 이상으로 회의를 마치도록 하겠습니다
   3 10억이 생긴다면 그 돈으로 뭐 할 거야

06 게임 규제, 자율권 침해인가?

준비

준비 1. 두 명씩 짝을 지어 게임 중독 테스트를 해 보세요. 한 사람은 묻고, 다른 사람은 '예' 또는 '아니오'로 대답하세요.

- 밤새 게임을 하느라 학교에서 수업 시간에 존 적이 있다.
- 게임에 관한 꿈을 꾼 적이 있다.
- 여가 시간의 대부분을 게임하면서 보낸다.
- 게임을 많이 해서 건강이 나빠졌다는 것을 느끼고 있다.
- 현실에서 할 수 없는 것을 게임 세계에서 실현하고 있다고 생각한다.
- 게임을 하고 있지 않을 때에도 게임에 대한 생각이 많이 난다.
- 게임 때문에 가족들과 다투거나 혼이 난 적이 있다.
- 컴퓨터를 켜면 대부분 제일 먼저 하는 일이 게임이다.
- 게임을 하다가 지면 화가 난다.
- 게임을 하다 화가 나면 소리를 지르거나 욕을 한다.
- 게임을 할 수 없게 되면 짜증이 나고 불안하다.
- 평소보다 게임을 할 때 나 자신이 더 유능한 것 같다는 생각이 든다.
- 밤을 새워 게임을 하는 경우가 많다.

■ 위의 질문에 '예'라고 답한 항목이 모두 몇 개입니까?
- 0~3개라면 게임 중독자가 아닙니다. 건전하게 게임을 즐기고 있는 정도입니다.
- 4~8개라면 게임 중독의 위험이 있습니다. 게임에 중독이 되지 않도록 시간을 정해 두고 절제하며 게임을 하는 것이 좋습니다.
- 9개 이상이라면 게임 중독입니다. 게임으로 인해 일상생활에까지 많은 지장을 받고 있는 심각한 수준입니다. 혼자 힘으로 게임을 그만둘 수 있는 의지가 부족하다면 상담 치료가 필수적으로 요구됩니다.

Korean Speaking-Discussion

준비 **2.** 네 명씩 모둠을 만들어 다음의 내용에 대해 조사해 보세요. 그리고 조사한 내용을 함께 말해 보세요.

- 게임 중독자가 저지른 범죄나, 게임 중독으로 인해 문제가 된 사건이 있었습니까?
- 게임 중독자를 위해서 어떤 대책이 마련되어 있습니까?
- 게임 중독을 예방하기 위해서 어떤 대책이 마련되어 있습니까?
- 게임 제한법을 시행하고 있는 나라는 어디입니까? 구체적으로 어떤 방법으로 게임을 제한합니까?

준비 **3.** 게임 제한법을 찬성·반대하는 근거에 대해 조사해 본 다음에 네 명씩 모둠을 만들어 조사한 내용을 서로 말해 보세요. 그리고 그 내용을 정리해서 앞에 나와 말해 보세요.

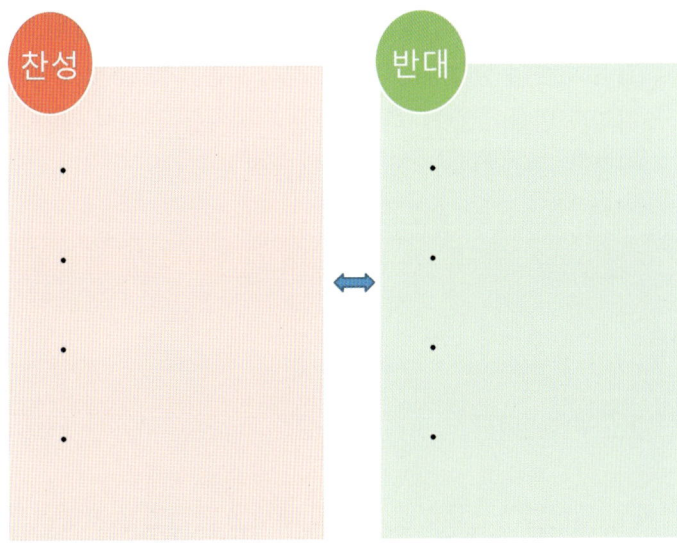

예시 담화 🎧 06

듣기 국가에서 청소년의 게임을 제한하기 위한 법을 정하려고 합니다. 이에 대한 찬반 의견이 팽팽하게 맞서자 정책 토론회를 열어 국민의 의견을 들어보는 자리가 만들어졌습니다. 남자들과 여자들 중에서 게임 제한법에 반대하는 사람은 누구입니까? 잘 듣고 대답해 보세요.

내용 이해 질문

1. 게임 제한법은 무엇입니까?

2. 대화에서 게임 제한법에 반대하는 사람이 내세운 근거와 일치하면 '참', 일치하지 않으면 '거짓'으로 대답하세요.

   1 게임은 개인의 자유이므로 국가가 규제할 근거는 없다. ( )
   2 학습 동기 유발, 두뇌 발달 등 게임이 가진 순기능도 있다. ( )
   3 게임 중독의 근본적인 해결은 강압적인 규제가 아니라 스스로의 자각과 적절한 치료를 통해 가능하다. ( )
   4 게임보다 청소년에게 더 큰 문제인 학교 폭력과 왕따를 규제할 수 있는 방안을 먼저 마련해야 한다. ( )

3. 대화를 통해 알 수 있는 내용과 일치하면 '참', 일치하지 않으면 '거짓'으로 대답하세요.

1 게임 중독이 마약 중독보다 더 위험하다. ( )
2 살인이나 사기를 저지르는 사람의 대부분은 게임 중독자이다. ( )
3 게임을 하는 청소년 모두가 폭력적인 성향을 갖는 것은 아니다. ( )
4 미국에서 게임을 못하게 꾸중하는 부모님을 상대로 한 총기 난사 사건이 있었다. ( )

단어

규제하다	자율권	침해	사기	강제하다
나서다	총기	난사	모방하다	저지르다
주목하다	꾸중하다	살해하다	성향	확대 해석
순기능	해소	접목하다	두뇌	자제력
검증하다	안중에 없다	매달리다	강제적	착각
강압적	제재	증세	자각	접속하다
편법	되풀이되다	제기하다	실천	논의

표현

표현 1. -는 한

A: 게임을 하는 것은 개인의 자유입니다. 살인이나 사기와 같이 다른 사람에게 피해를 입히는 것이 아닌 한 그것을 국가가 강제할 수 있는 근거는 없습니다.
B: 게임이 다른 사람에게 피해를 입히지 않는다고요?

A: 비밀 꼭 지켜야 돼. 알겠지?
B: 걱정하지 마. 네가 말하지 않는 한 아무도 모를 거야.

A: 끝까지 포기하지 않는 한 꼭 합격할 거야.
A: 새로운 도전을 하지 않는 한 계속 지금과 같은 생활의 반복이겠지.
A: 내가 살아 있는 한 너를 지켜 줄 거야. 걱정하지 마.

> 1 '-는 한'은 동사나 '있다/없다' 뒤에 붙어 행위나 상태의 조건이나 전제를 나타내는 표현으로 '이러한 상태나 동작이 계속되는 조건에서는'이라는 의미이다. 예외적으로 '이다/아니다', '가능하다', '관하다' 뒤에서는 '-(으)ㄴ 한'의 형태로 쓰인다.

표현 2. -(ㄴ/는)다고 했는데(요)

A: 이런 사례들만 봐도 자제력이 부족한 청소년의 발달과 정서적 안정에 게임이 안 좋은 영향을 끼치는 것이 분명하지 않습니까?
B: 게임이 정서적으로 청소년에게 부정적인 영향을 끼친다고 하셨는데요. 게임을 하는 사람 모두가 폭력적인 성향을 갖게 되는 것은 아닙니다.

A: 연예인은 공인이기 때문에 대중은 연예인의 사생활을 알 권리를 주장할 수 있습니다.
B: 연예인이 공인이라고 하셨는데요. 공인의 사전적 정의는 공적인 일에 종사하는 사람입니다. 그러므로 연예인은 공인이라고 할 수 없지요.

A: 다음 시간부터 지각하는 사람은 벌금을 내야 한다고 하셨는데요. 벌금 말고 청소나 나머지 공부와 같은 다른 방법이 좋을 것 같습니다.
A: 일기예보에서 오늘부터 장마가 시작된다고 했는데요. 아직까진 비가 올 거 같지 않네요.
A: 지현이가 넌 아침 안 먹는다고 했는데. 밥 먹으러 가려고?

> **1** '-(ㄴ/는)다고 했는데(요)'는 동사나 형용사 뒤에 붙어 들어서 알게 된 사실을 그대로 다시 옮겨서 그 내용에 대해 주목하게 할 때 사용된다. 받침 있는 동사 뒤에는 '-는다고 했는데(요)'를 쓰며, 받침이 없는 동사 뒤에는 '-ㄴ다고 했는데(요)'를 쓴다. 단, 받침이 'ㄹ'인 경우 'ㄹ'을 탈락시킨 후 '-ㄴ다고 했는데(요)'로 쓴다. 형용사나 '-았/었/였-', '-겠-' 뒤에는 '-다고 했는데(요)'를 쓴다.
>
> **2** 격식적인 말하기 상황에서는 주로 높임의 '-시-'를 붙여 '-(ㄴ/는)다고 하셨는데요'의 형태로 사용된다.
>
> **3** 토론에서는 '-(ㄴ/는)다고 하셨는데(요)' 다음에 주로 상대방이 한 말의 내용과 반대되는 내용이 이어져서 상대방의 주장에 반론을 제기할 때 사용된다. '-(ㄴ/는)다고 하셨는데(요)'를 사용하여 먼저 상대방이 한 말을 요약·정리함으로써 듣는 사람들의 관심을 그 내용에 집중시킨 후에 그에 대한 자신의 의견을 말하기 때문에 주장의 전달력을 높일 수 있다.

표현 3. -(으)려(고) 들다

A: 근본적인 해결이 되지 않으면 부모님의 신분증을 사용해서 게임에 접속하는 등 온갖 편법을 활용해서 게임을 하려고 들 것이고, 그럼 결국 문제가 되풀이될 것이 뻔하지 않습니까?

A: 숙제 다하는 데 시간이 얼마나 걸릴까? 왜 이렇게 하기 싫은지 모르겠다.
B: 그럴 시간에 얼른 시작해. 하려고 들면 금방 끝낼 수 있는 일이잖아.

A: 걔네 둘은 만나기만 하면 싸우려고 들더라.
A: 앤드류 씨는 무슨 일이든 자기가 먼저 나서서 하려고 들어요.
A: 우리 아이는 공부는 안 하고 게임만 하려고 들어 정말 걱정이에요.

> **1** '-(으)려(고) 들다'는 동사 뒤에 붙어 애써서 적극적으로 그 행동을 하려고 함을 나타낸다. 받침이 있는 동사 뒤에서는 '-으려(고) 들다'를, 받침이 없는 동사와 받침이 'ㄹ'로 끝나는 동사 뒤에서는 '-려(고) 들다'를 쓴다.
>
> **2** '-(으)려(고) 하다'와 유사한 의미이지만, 보다 적극적으로 그 행동을 하려고 애씀을 강조할 때에는 '-(으)려(고) 들다'가 사용된다.

연습

연습 1. 다음 중에서 알맞은 단어를 골라 말해 보세요.

| 규제하다 | 저지르다 | 제기하다 | 접목하다 | 자제력 |
| 매달리다 | 착각 | 제재 | 자각 | 되풀이되다 |

1 가: 다음 달부터 토요일에도 출근을 하래.

나: 어머, 그런데도 이의를 _____ -(으)ㄴ/는 사람이 아무도 없어?

2 가: 팀장님, 죄송합니다. 전부 제 탓입니다. 죄송합니다.

나: 처음엔 다 그럴 수 있어요. 오늘의 실패가 _____ 지 않도록 노력하면 되죠.

3 가: 환경 문제에 대한 _____ 이/가 환경 보호를 위한 첫걸음입니다.

나: 네, 맞습니다. 다들 현재 환경 오염이 얼마나 심각한지 깨달아야 할 텐데 말이죠.

연습 2. 공통으로 들어갈 단어를 넣어 말해 보세요.

| 요즘 대학생들 열에 아홉은 영어 공부에만 _____ |
| 손을 사용하지 말고 천장에 _____ 있는 과자를 따 먹으면 되는 게임이에요. |
| 지연 씨는 어려운 일이 생기면 항상 자기 언니한테 _____ 도와 달라고 하더라. |

연습 **3.** 알맞은 것을 연결해서 다음 표현을 사용하여 문장을 만들어 보세요.

1 편법을		없다
2 범죄를		쓰다
3 안중에		가하다
4 제재를		저지르다

연습 **4.** '-는 한'을 사용해서 말해 보세요.

1 가: 이번에 우리나라가 금메달을 땄으면 좋겠다.

　나: 실력이 뛰어난 선수니까 ＿＿＿＿＿＿＿＿＿ 금메달을 딸 수 있을 거 같아.

2 가: 왕정 씨는 언제까지 한국에 있을 거예요?

　나: ＿＿＿＿＿＿＿＿＿ 내년에 중국으로 돌아갈 거예요.

연습 **5.** '-(ㄴ/는)다고 했는데(요)'를 사용해서 말해 보세요.

1 가: 유학 비용은 준비가 다 됐어요?

　나: 첫 학기 등록금은 ＿＿＿＿＿＿＿＿＿. 부모님께 너무 죄송하네요.

2 가: 저 가수는 왜 자꾸 성형수술을 하는지 몰라.

　나: 저 사람 저번에 TV에 나와서 ＿＿＿＿＿＿＿＿＿. 그럼 거짓말 한 거야?

연습 **6.** '-(으)려(고) 들다'를 사용해서 말해 보세요.

1 가: 우리 아이는 내가 공부할 때 자꾸 ＿＿＿＿＿＿＿＿＿.

　나: 아이한테 왜 공부를 해야 하는지 잘 설명을 하고 집중하게 도와 달라고 해 보세요.

2 가: 아이가 잘못했을 때 무조건 ＿＿＿＿＿＿＿＿＿(으)면 안 돼요.

　나: 그럼 어떻게 하죠? 혼내지 말고 내버려 둬야 하나요?

연습 **7.** 다음 중에서 알맞은 표현을 사용해서 말해 보세요.

| -는 한　　　　-(ㄴ/는)다고 했는데(요)　　　　-(으)려(고) 들다 |

1 가: 율리아 씨는 오늘 안 오나 봐요.

　나: 아닌데. ＿＿＿＿＿＿＿＿＿. 연락 한번 해 볼까요? (오늘 오다)

2 가: 걔는 요즘 무슨 말만 하면 _____.

나: 요즘 안 좋은 일이 있는 것 같아. 그냥 네가 이해해.

(화부터 내다)

3 가: 앤드루 씨가 내 지갑을 훔쳐 간 거 같아.

나: _____. 다시 잘 찾아 봐.

(내가 알다, 앤드루는 그런 짓을 할 사람이 아니다)

활동

활동 1. 토론을 위해 게임과 관련된 단어를 말해 보세요. 단어의 의미를 모르는 사람이 있으면 뜻도 함께 설명해 주세요

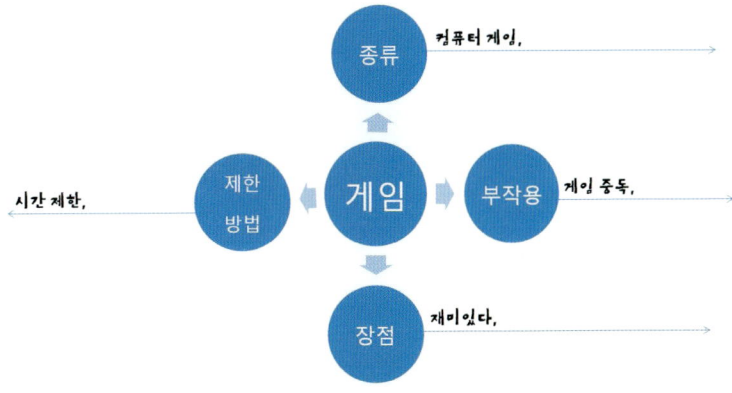

활동 2. 카드를 뽑아서 나온 표현을 사용하여 상대방의 주장을 확인하는 연습을 해 보세요.

① 두 명씩 짝은 지은 후 카드를 한 장 뽑으세요. 우리 모둠이 말할 차례가 되면 반드시 이 표현을 사용해야 합니다.

[표현] -(ㄴ/는)다고 하셨는데요.

[표현] -(ㄴ/는)다고요?

[표현] -(ㄴ/는)다는 말씀이십니까?

[표현] -(ㄴ/는)다는 말씀이시죠?

[표현] -(ㄴ/는)다 그런 말씀이시죠?

[표현] -(ㄴ/는)다는 말씀이신 거죠?

② 상자 안에는 '주장'을 담은 쪽지가 있습니다. 교사가 먼저 하나의 쪽지를 펼쳐서 주장을 읽어 주면, 먼저 일어나는 팀이 그 주장을 요약하여 상대방의 의도를 확인하는 말하기를 합니다. 표현을 정확하게 사용하여 상대방의 말을 잘 요약하면 1점을 받고, 부적절하면 다음 '주장'을 뽑을 때까지 말할 기회를 잃게 됩니다.

> [주장] 현재의 게임 제한법으로는 인터넷 접속을 하지 않고도 할 수 있는 게임은 막을 수 있는 방법이 없습니다. 가정용 게임기나 모바일 게임도 중독되기 쉬운데 온라인 게임만 규제를 하는 것이 무슨 효과가 있을지 궁금합니다.

> [주장] 한 시민 단체에서 청소년을 대상으로 한 설문 결과 90%에 이르는 학생이 게임 제한법에 찬성한다고 응답했습니다. 청소년들 스스로도 자신이 심각한 게임 중독에 빠져 있음을 인식하고 있고, 강제적인 방법을 통해서라도 이를 극복하고 싶어 하는 것을 알 수 있습니다.

> [주장] 게임 제한법은 게임 산업의 발달에 부정적인 영향을 끼칠 수 있습니다. 게임 산업의 규모는 케이팝 시장의 규모보다도 더 커서 한국 경제 발전에 중요한 역할을 하고 있습니다. 그런데 게임 제한법으로 인해 해외 게임 업체들이 한국 게임 회사와의 계약을 꺼리는 등 벌써부터 게임 산업에 타격이 크다는 결과가 보고되고 있습니다.

> [주장] 게임 시간 제한법과 같은 강제적인 방법이 아니라 게임 캐릭터에 피로도 시스템을 도입하는 방법을 대안으로 제시하고 싶습니다. 즉, 일정 시간 이상 게임을 하게 되면 게임 캐릭터의 기능이 약해지게 하는 장치를 통해 게임에 대한 흥미를 떨어뜨리는 겁니다. 그러면 재미가 없어진 청소년이 스스로 게임을 그만두게 하는 효과를 거둘 수 있어 보다 실질적인 방법이라고 생각합니다.

> [주장] 청소년들의 게임 중독을 해결하기 위한 방법이 강제적인 게임 제한법이 되어서는 안 됩니다. 법으로 게임 시간을 제한한다고 해서 게임 중독이 해결될 것이라고 생각하는 것은 착각입니다. 게임 중독의 근본적인 해결을 위해서는 강압적인 제재가 아니라 청소년 스스로의 중독 증세에 대한 자각과 적절한 치료가 필요합니다. 근본적인 해결이 되지 않으면 부모님의 신분증을 사용해서 게임에 접속하는 등 온갖 편법을 활용해서 게임을 하려고 들 것이고, 그럼 결국 문제가 되풀이될 것은 뻔하기 때문입니다.

③ 1점을 얻은 모둠에서 다음 주장 쪽지를 뽑습니다. 주장을 읽어 주면, 다시 ②와 같이 상대방의 의도를 확인하는 말하기를 합니다. 가장 높은 점수를 얻은 모둠이 1등이 됩니다.

교사 도움말
1. 학생의 수가 더 많다면 학생 수에 맞춰 표현과 주장 카드를 더 준비한다.
2. 이 활동의 난이도를 높이고자 할 때에는 교사가 미리 주장 쪽지를 준비하지 말고, 수업 시간에 학생들이 직접 주장 쪽지를 만드는 것부터 시작하면 된다.

활동 **2-1.** 네 명씩 모둠을 만들어 토론을 평가하는 기준을 말해 보세요. 태도, 표현의 명확성, 근거의 적절성과 논리성 등 좋은 토론이 갖춰야 할 기준을 생각하여 토론 평가표를 만들어 봅시다.

〈토론 평가표〉

기준	잘함	보통	못함
총평 및 보완점			

활동 **2-2.** 각 모둠에서 만든 토론 평가 기준과 그런 기준을 정한 이유를 말해 보세요. 가장 타당하다고 생각하는 평가 기준을 정리하여 우리 반의 토론 평가표를 만들어 봅시다.

활동 3. 게임 제한법에 찬성합니까, 반대합니까? 생각이 같은 두 명이 짝이 되어 게임 제한법에 대한 주장과 근거를 말해 보세요.

주장	게임 제한법에 찬성합니까, 반대합니까?

	근거	예상되는 반론	반박
	게임 제한법에 찬성 혹은 반대하는 이유는 무엇입니까?	당신과 다른 입장에 있는 사람들은 어떤 이유에서 게임 제한법에 반대 혹은 찬성합니까?	당신과 다른 입장에 있는 사람의 생각을 반박할 수 있는 근거는 무엇입니까?

결론	게임 제한법에 대한 자신의 생각과 근거를 정리해 보세요.

활동 4-1. 게임 제한법에 찬성하는 사람 3명과 반대하는 사람 3명이 대표로 토론을 해 보세요. 이때, 다른 사람의 주장과 근거를 간단하게 메모하며 토론에 참여합시다.

찬성	반대

활동 4-2. 토론에 참여하지 않는 사람들은 토론 평가단이 되어 토론의 승자를 가리는 역할을 하게 됩니다. 토론 팀이 토론을 하는 동안 평가단은 토론 평가 기준에 따라 토론을 평가해 보세요.

정리와 평가

1. 오늘의 '토론 왕'을 뽑아 보세요. 토론 평가단은 왜 그 사람을 토론 왕으로 뽑게 되었는지 구체적인 근거를 들어 말해 봅시다.

2. 다음의 질문을 생각하면서 나의 토론 실력을 확인해 보세요.

질문	잘함	보통	못함
상대방의 말을 듣고 주장의 핵심을 이해할 수 있었습니까?			
상대방의 의도를 확인하는 말하기를 할 수 있었습니까?			
상대방의 의도를 확인하는 말하기를 할 때 필요한 표현을 잘 사용할 수 있었습니까?			
총평 및 보완점			

3. 토론 내용을 바탕으로 게임 제한법에 대한 자신의 생각과 근거를 말해 보세요.

이렇게 말하면 돼요.

내용 이해 질문
1. 자정 이후에 청소년이 게임을 할 수 없도록 막는 법
2. ① 참 ② 참 ③ 참 ④ 거짓
3. ① 거짓 ② 거짓 ③ 참 ④ 거짓

연습
1. ① 제기하는
   ② 되풀이되지
   ③ 자각이
2. 매달리다
3. 예 ① 그 팀은 편법을 써서 1등을 했어.
   ② 그 사람은 흉악한 범죄를 저지르고도 반성을 하지 않았다.
   ③ 지훈 씨는 돈에 눈이 멀어서 양심은 안중에도 없더라고.
   ④ 규칙을 어기는 사람에게는 제재를 가해야 합니다.
4. 예 ① 큰 실수를 하지 않는 한
   ② 특별한 일이 없는 한
5. 예 ① 부모님께서 주시겠다고 하셨는데요
   ② 성형수술은 안 했다고 했는데
6. 예 ① 방해하려고 들어요
   ② 혼내려고 들면
7. ① 오늘 온다고 했는데요
   ② 화부터 내려고 들더라
   ③ 내가 아는 한 앤드루는 그런 짓을 할 사람이 아니야

07 연예인의 사생활, 공개해야 하나?

준비

준비 1. 사전, 책 등을 찾아 사생활 침해와 관련된 주요 용어의 개념을 조사해 보세요. 같은 개념을 서로 다르게 정의하는 경우 그 차이는 무엇인지 알아보세요. 그리고 조사한 내용을 함께 말해 보세요.

	개념	출처
공인		
사생활		
침해		
알 권리		

준비 2-1. 연예인의 사생활 공개와 관련된 대표적인 사례를 조사해 보세요.

	인기를 얻음	비난을 받음
연예인 스스로 사생활 공개		
원하지 않은 사생활이 공개됨		

준비 **2-2.** 이 중에서 사생활 침해라고 생각하는 사례는 무엇입니까? 그 이유는 무엇인지 함께 말해 보세요.

준비 **3.** 연예인의 사생활 공개에 찬성·반대하는 근거에 대해 조사해 본 다음에 네 명씩 모둠을 만들어 조사한 내용을 서로 말해 보세요. 그리고 그 내용을 정리해서 앞에 나와 말해 보세요.

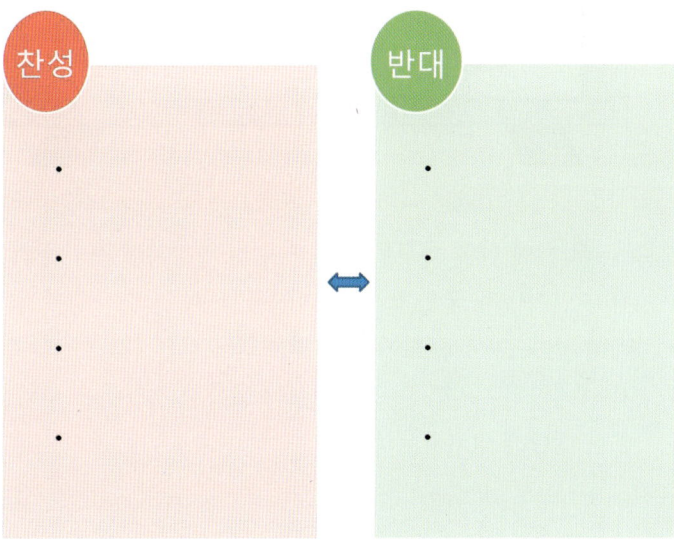

예시 담화 🎧 07

듣기 파파라치에 의해 폭로된 인기 가수의 가정사에 사람들의 관심이 집중된 사건이 일어나자 국민의 알 권리인지, 연예인의 사생활 침해인지에 대한 논란이 많아 TV 토론회에서 이 주제로 토론을 합니다. 남자들과 여자들 중에서 연예인의 사생활은 공개되어야 한다고 주장하는 사람은 누구인가요? 잘 듣고 대답해 보세요.

내용 이해 질문

1. 남자는 왜 연예인은 공인이 아니라고 생각합니까?

2. 대화에서 주장의 설득력을 높이기 위해 사용한 방법이 <u>아닌</u> 것을 고르세요. (   )

    ❶ 유명한 사례를 제시하여 주장의 설득력을 높이고 있다.
    ❷ 전문가의 말을 인용하여 자신의 주장을 강화하고 있다.
    ❸ 특정한 상황을 가정하여 상대방의 동의를 이끌어내고 있다.
    ❹ 핵심적인 용어의 개념을 정의하여 논점을 명확하게 하고 있다.

3. 다음은 대화를 듣고 한 메모입니다. 빈칸을 채워 메모를 완성합시다.

주제 : 연예인의 사생활, 공개해야 하나?	
찬성	반대
• 연예인은 대중에게 미치는 영향력이 큰 ① (　　　)이기 때문에 대중은 그들의 사생활을 알 권리가 있음.	• ② (　　　　　　　　) 공무원이나 정치인이 공인이지 연예인은 공인이 아님. → 원치 않는 사생활을 공개할 의무가 없음.
• 연예인을 영향력이 큰 공적인 인물로 보는 판례가 있음. • 연예인의 사생활은 ③ (　　　　　)와/과 밀접한 관련이 있음.	• 자신의 사생활을 공개해서 ④ (　　　)하는 것은 연예인 개인이 선택할 문제. • 사생활이 왜곡되어 전해지는 일이 많음.
	• 사생활을 공개해서 더 큰 사랑을 받을 것인지 결정하는 것도 연예인이 선택할 문제. • 사생활 공개로 ⑤ (　　　　　　　　　).

사생활	공개하다	공인	일원	대립하다	사사롭다
공적	범위	영향력	타당하다	사전적	종사하다
정치인	명예	괴롭히다	침해	판례	화려하다
불우하다	급상승하다	문란하다	지탄	상품화	일거수일투족
불특정 다수	노출되다	개인사	입에서 입으로	왜곡되다	지인

표현

표현 1. -(ㄴ/는)다(고) 할지라도

A: 연예인들이 대중에게 미치는 영향력이 아무리 크다고 할지라도 그들의 사생활은 공적인 범위가 아니라 개인적인 범위에 속한다고 보아야 합니다.

A: 네 말에 일리가 있다고 할지라도 어른한테 그렇게 무례하게 행동하면 안 되지.
B: 반성하고 있어요. 다음부턴 조심할게요.

A: 굶어 죽는다 할지라도 양심에 어긋나는 행동을 할 수는 없습니다.
A: 비용이 부담된다고 할지라도 정기적으로 건강검진을 받는 게 좋습니다.
A: 네가 아무리 열심히 한다고 할지라도 계속 결과가 안 좋으면 어떻게 인정을 받겠니?

1. '-(ㄴ/는)다(고) 할지라도'는 어떤 상황을 제시하거나 가정하면서 앞의 내용처럼 말할 수 있다고 인정하지만 그것과 관련이 없이 뒤에 나오는 내용이 더 중요하고 적절한 것임을 나타낸다. 받침 있는 동사 뒤에는 '-는다(고) 할지라도'를 쓰며, 받침이 없는 동사 뒤에는 '-ㄴ다(고) 할지라도'를 쓴다. 단, 받침이 'ㄹ'인 경우 'ㄹ'을 탈락시킨 후 '-ㄴ다(고) 할지라도'로 쓴다. 형용사나 '-았/었/였-'과 '-겠-' 뒤에는 '-다(고) 할지라도'를 쓴다.

2. '-(ㄴ/는)다(고) 할지라도'가 쓰인 문장 앞에 '아무리'를 넣어서 의미를 강조할 수 있다.

3. '-아/어/여도'와 비슷한 의미이지만, '-아/어/여도'는 일상적인 대화에서, '-(ㄴ/는)다(고) 할지라도'는 토론이나 발표와 같은 공식적인 말하기에서 보다 자주 사용된다는 차이가 있다. 토론에서는 주로 상대방의 말에 반론을 제기할 때 이 표현이 사용될 수 있다.

표현 2. -(으)ㅁ에 따라(서)

A: 공무원이나 정치인 같은 사람들이 공인이지, 개인의 이익과 명예를 위해 일하는 연예인은 공인이 아니죠.
B: 연예인의 영향력이 커짐에 따라 그들도 공적인 인물, 즉 공인으로 볼 수 있다는 판례가 있었습니다.

A: 전문가 회의에서 문제가 많이 지적됐는데 이번 신제품 발표를 예정대로 진행해야 할까요?
B: 전문가의 의견에 따라 신제품 발표를 연기하는 걸로 하겠습니다.

A: 지구의 온도가 높아짐에 따라 여러 문제가 발생하고 있습니다.
A: 카드 이용자를 위한 혜택이 많아짐에 따라 카드 사용자가 급증했습니다.
A: 경제가 회복됨에 따라 소비가 늘어나고 있습니다.

1. '-(으)ㅁ에 따라(서)'는 동사 뒤에 붙어 그것이 뒤에 이어지는 사태나 행위의 기준이 됨을 의미한다. 받침이 있는 동사 뒤에서는 '-음에 따라(서)'로 쓰며, 받침이 없는 동사나 'ㄹ' 받침으로 끝나는 동사 뒤에는 '-ㅁ에 따라(서)'로 쓴다.

2. 명사 뒤에서는 '-에 따라(서)'의 형태로 사용된다.

3. '증가하다', '넓어지다', '확대되다'와 같이 속도, 양, 질, 높이, 크기 등이 변한다는 의미를 담고 있는 동사와 함께 쓰이면 앞의 사건의 발생이나 상황의 변화가 계기가 되어 뒤의 사건 혹은 현상이 더불어 일어남을 나타낸다. 유사한 의미의 '-(으)면서'가 주로 일상적인 대화에서 사용되는 반면 '-(으)ㅁ에 따라(서)'는 주로 토론이나 발표와 같은 공식적인 말하기 상황에서 사용된다.

표현 3. -을/를 비롯한

A: 감추고 싶은 나의 과거 연애 경험을 비롯한 개인사를 전 국민이 다 알고 있다면 얼마나 끔찍하겠어요?

A: 다음 주부터 도자기 축제를 한다던데요. 유명한 축제에요?
B: 네, 유명하죠. 어제 뉴스에서 보니까 이번엔 베트남과 중국을 비롯한 전 세계 30개 국가가 참가한다더라고요.

A: 아기의 돌잔치를 위해 할머니, 할아버지를 비롯한 모든 가족이 한 집에 모였다.
A: 환경 문제는 정부를 비롯한 국민 모두의 관심이 필요합니다.
A: 지연 씨는 책을 좋아해서 베스트셀러를 비롯해서 안 읽은 책이 없어.

> 1 '-을/를 비롯한'은 명사 뒤에 붙어 '그것을 포함해서 모두'를 의미한다. 뒤에는 그것을 포함하는 전체 범주를 가리키는 말이 이어진다. 받침이 있는 명사 뒤에는 '-을 비롯한'을, 받침이 없는 명사 뒤에는 '-를 비롯한'을 쓴다.
>
> 2 '-을/를 비롯한'은 '-을/를 비롯해(서)'나 '-을/를 비롯하여'의 형태로도 사용될 수 있으나, '-을/를 비롯한'은 명사구 앞에서만 사용된다는 특징이 있다.
>
> 3 '-을/를 비롯한'은 토론이나 발표와 같은 공식적인 말하기에서 어떤 사물이나 현상의 대표적인 예를 들어 설명할 때 주로 사용된다.

연습

연습 1. 다음 중에서 알맞은 단어를 넣어 말해 보세요.

| 공개하다 | 대립하다 | 사사롭다 | 종사하다 | 침해 |
| 불우하다 | 문란하다 | 일거수일투족 | 불특정 다수 | 왜곡되다 |

1 가: 요즘 주차 문제로 우리 아파트 주민들끼리 날카롭게 _____고 있어서 걱정이에요.

　나: 아이고, 조금씩 양보하면 될 텐데…….

2 가: 오빠랑 같이 살게 돼서 좋지? 나도 가족이랑 같이 살고 싶은데.

나: 별로야. 오빠가 자꾸 나에 관한 _____ 을/를 부모님께 다 말씀드려서 사생활이 없어져 버렸어.

3 가: 어제 사형 제도에 대한 인터뷰를 했거든. 난 분명히 사형 제도가 없어져야 한다고 했는데, 기사에는 사형 제도가 필요하다는 식으로 나간 거 있지.

나: 세상에. 기자라는 사람이 어떻게 사실을 _____ -(으)ㄹ 수가 있지?

4 가: 이번 일은 아주 중요하기 때문에 _____ -(으)ㄴ/는 감정에 얽매이지 말고 공정하게 처리해야 해.

나: 네, 그렇게 하겠습니다. 걱정 마세요.

연습 **2.** 알맞은 것을 연결한 다음 표현을 사용하여 문장을 만들어 말해 보세요.

1 지탄을	받다
2 찬사를	미치다
3 영향력을	보내다

연습 **3.** '-(ㄴ/는)다(고) 할지라도'를 사용해서 말해 보세요.

1 가: 만약에 앤드루 씨 부모님이 사라 씨와의 결혼을 반대하면 어떻게 할 거예요?

나: _____ 우리는 헤어지지 않을 거예요.

2 가: _____ 다른 사람을 무시하면 안 되지.

나: 무시한 게 아니었는데. 다음부터는 조심할게요.

연습 **4.** '-(으)ㅁ에 따라(서)'를 사용해서 말해 보세요.

1 가: _____ 주택 문제가 심각해졌습니다.

나: 이에 대한 대책은 마련이 되었습니까?

2 가: 이 상품의 판매량이 갑자기 증가한 이유가 무엇인가요?

나: _____ 소비자 평가가 긍정적으로 바뀌었기 때문입니다.

연습 **5.** '-을/를 비롯한'을 사용해서 말해 보세요.

1 가: 여름이 뭐가 좋니? 난 덥기만 하고 싫던데.

　나: 여름엔 _____ 과일이 풍부해서 실컷 먹을 수 있잖아.

2 가: 이 동물병원에서 하는 일 중에 가장 보람된 일은 무엇인가요?

　나: _____ 길 잃은 애완동물의 주인을 찾아 주는 일입니다.

연습 **6.** 다음 중에서 알맞은 표현을 사용하여 말해 보세요.

| -(ㄴ/는)다(고) 할지라도　　-(으)ㅁ에 따라(서)　　-을/를 비롯한 |

1 가: 나 이번에 혼자 여행 갈 건데 어디가 좋을까?

　나: 제주도 어때? 제주도에는 _____ 기 때문에 혼자 가도 재미있을 거야.

　　　　　　　　　　　　　　　　　　　　　　　　(한라산, 볼거리가 정말 많다)

2 가: 우리 회사의 가전제품 중에서 이번 달에 가장 많이 판매된 상품이 뭐죠?

　나: _____

　　　　　　　　　　　　　　　　　　(기온이 높아지다, 에어컨 판매량이 급증하다)

3 가: _____ 용서하지 않으면 본인 마음이 더 힘드니까요.

　나: 만약에 사람을 죽였다고 해도요?

　　　　　　　　　　　　　　　　　　(사람이 아무리 큰 잘못을 저지르다, 용서하다)

활동

활동 1. 토론을 위해 연예인의 사생활 침해와 관련된 단어를 말해 보세요.

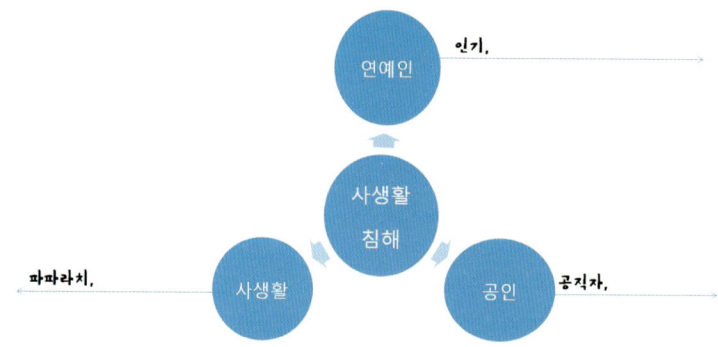

활동 2. 카드를 뽑아서 나온 표현을 사용하여 정의하기 연습을 해 보세요.

① 네 명씩 모둠을 만든 다음 표현 카드를 각각 한 장씩 뽑으세요. 자신이 말할 차례가 되면 반드시 뽑은 표현을 사용해야 합니다.

-은/는 -입니다.
-은/는 -(ㄴ/는)다는 의미/뜻입니다.
-(이)라는 것은 -(ㄴ/는)다는 말입니다.
-(이)라는 것은 -(ㄴ/는)다는 의미/뜻입니다.
-은/는 -(ㄴ/는)다고 정의할 수 있습니다.
-의 사전적 정의는 -입니다.
-은/는 -을/를 의미합니다.
-은/는 -(ㄴ/는)다고 정의됩니다.
-(이)라는 것은 -을/를 의미/뜻합니다.
-은/는 -(ㄴ/는)다는 말입니다.

② 단어 카드를 한 장 뽑습니다. 각자 자신이 뽑은 표현 카드의 표현을 사용하여 단어를 정의하세요. 네 명이 모두 정의하기가 끝나면 다시 표현 카드와 단어 카드를 뽑아 단어의 의미를 정의하세요.

사생활	알권리
공인	침해

③ 모둠별 활동이 끝나면 교사가 '단어' 카드를 하나 뽑아서 말합니다. 그러면 먼저 일어나는 팀이 그 단어의 의미를 정의하여 말합니다. 정확한 표현을 사용하여 정의를 하면 1점을 받고, 부정확하면 다음 '단어'를 뽑을 때까지 말할 기회를 잃게 됩니다.

④ 1점을 얻은 모둠에서 이어서 쪽지를 뽑습니다. 단어를 말하면, 다시 ③과 같이 의미를 정의하는 말하기를 합니다. 가장 높은 점수를 얻은 모둠이 1등이 됩니다.

> **교사 도움말**
> 1. 이 활동은 경험을 근거로 들어 주장할 때 자주 사용하는 표현을 연습하기 위한 활동이다. 학생들이 말할 내용에 대해 부담을 갖지 않게 [준비 1]에서 말한 내용을 적극적으로 활용하도록 지도한다.
> 2. 시간이 부족하면 ③과 ④를 생략하고 모둠 활동만 진행할 수 있다.

활동 3. 연예인의 사생활 공개에 찬성합니까, 반대합니까? 생각이 같은 두 명이 짝이 되어 연예인의 사생활 공개에 대한 주장과 근거를 말해 보세요. 이때, 논란이 될 수 있는 단어의 의미를 명확하게 정의하세요.

주장	연예인의 사생활은 공개되어야 한다는 주장에 찬성합니까, 반대합니까?

근거	예상되는 반론	반박
연예인의 사생활은 공개되어야 한다는 주장에 찬성 혹은 반대하는 이유는 무엇입니까?	당신과 다른 입장에 있는 사람들은 어떤 이유에서 연예인의 사생활은 공개되어야 한다는 주장에 반대 혹은 찬성합니까?	당신과 다른 입장에 있는 사람의 생각을 반박할 수 있는 근거는 무엇입니까?

결론	연예인의 사생활은 공개되어야 한다는 주장에 대한 자신의 생각과 근거를 정리해 보세요.

활동 **4-1.** 연예인의 사생활은 공개되어야 한다는 주장에 찬성하는 사람과 반대하는 사람으로 나눠 모둠 토론을 해 보세요. 이때, 논란이 될 수 있는 단어의 뜻을 명확하게 정의하여 자신의 입장을 분명히 해 보세요.

찬성	반대

활동 **4-2.** 모둠 토론이 끝난 후에 토론을 잘한 사람들을 뽑아서 전체 토론을 해 보세요. 토론에 참여하지 않는 사람들은 토론 평가단이 되어 토론의 승자를 가리는 역할을 하게 됩니다. 토론 팀이 토론을 하는 동안 평가단은 지난 시간에 정한 토론 평가 기준에 따라 토론을 평가해 보세요.

정리와 평가

1. 오늘의 '토론 왕'을 뽑아 보세요. 토론 평가단은 왜 그 사람을 토론 왕으로 뽑게 되었는지 구체적인 근거를 들어 말해 봅시다.

2. 다음의 질문을 생각하면서 나의 토론 실력을 확인해 보세요.

질문	잘함	보통	못함
핵심적인 단어의 개념을 정의하여 나의 주장을 분명하게 밝힐 수 있었습니까?			
단어의 개념을 정의할 때 필요한 표현을 잘 사용할 수 있었습니까?			
상대방이 정의한 단어의 의미와 나의 정의 사이에 어떤 차이가 있는지 판단할 수 있었습니까?			
총평 및 보완점			

3. 토론 내용을 바탕으로 연예인의 사생활 공개에 대한 자신의 생각과 근거를 말해 보세요.

이렇게 말하면 돼요.

내용 이해 질문

1. 공인은 공무원이나 정치인같이 공적인 일에 종사하는 사람을 가리키는 말이기 때문에
2. ②
3. ① 공인, ② 공적인 일을 하는, ③ 인기와 경제적 가치, ④ 상품화, ⑤ 가족까지 피해를 입음

연습

1. ① 대립하고
   ② 일거수일투족을
   ③ 왜곡할
   ④ 사사로운
2. 예 ① 개인의 이익을 위해 권력을 이용하는 행위는 지탄을 받아야 한다.
   ② 남자 주인공의 뛰어난 연기력에 찬사를 보냈습니다.
   ③ 텔레비전이 신문보다 대중에게 더 큰 영향력을 미친다.
3. 예 ① 부모님이 우리의 결혼을 반대한다고 할지라도
   ② 네가 아무리 똑똑하다고 할지라도
4. 예 ① 도시의 인구가 증가함에 따라
   ② 품질이 좋아짐에 따라
5. 예 ① 수박을 비롯한
   ② 고양이를 비롯한
6. ① 한라산을 비롯한 볼거리가 정말 많
   ② 기온이 높아짐에 따라 에어컨 판매량이 급증했습니다.
   ③ 사람이 아무리 큰 잘못을 저질렀다 할지라도 용서해야 합니다.

08 가정에서의 체벌, 교육인가? 폭력인가?

준비

준비 1. '우리 아이가 달라졌어요'라는 핵심어로 검색해서 나오는 동영상을 시청하고 다음의 질문에 답을 해 보세요.

- ▶ 주인공은 어떤 문제를 가진 아이입니까?
- ▶ 아이가 문제를 일으킬 때 부모는 어떻게 훈육했습니까?
- ▶ 부모의 훈육에 아이는 어떻게 반응했습니까?
- ▶ 전문가는 아이에게 어떤 방법으로 훈육했습니까?
- ▶ 전문가의 훈육에 아이는 어떻게 달라졌습니까?
- ▶ 이 영상을 보고 난 느낌은 어떻습니까?

준비 2. 체벌 혹은 교육과 관련된 속담이나 격언을 조사해 보세요. 무슨 의미입니까? 조사한 내용을 함께 말해 보세요.

속담/격언	의미

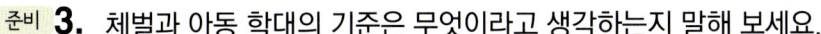

준비 **3.** 체벌과 아동 학대의 기준은 무엇이라고 생각하는지 말해 보세요.

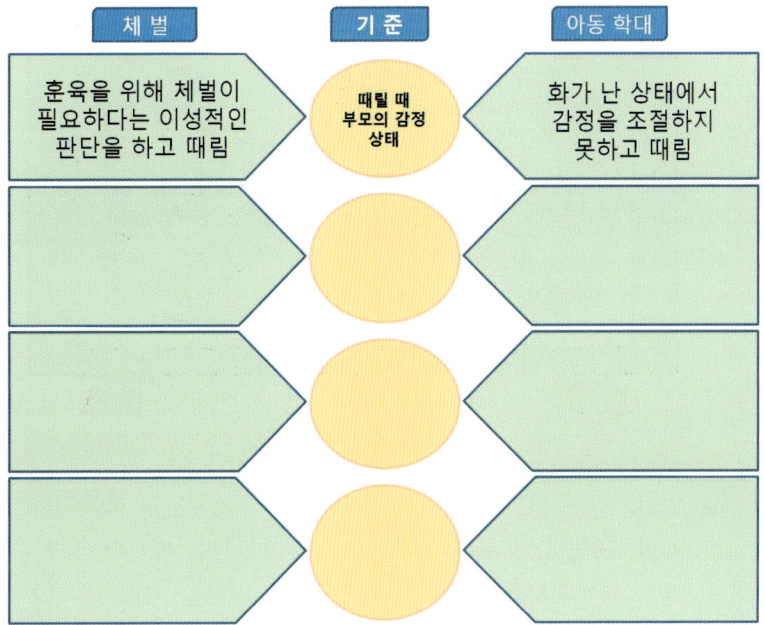

준비 **4.** 훈육 방법으로서 체벌에 찬성·반대하는 근거에 대해 조사해 본 다음에 네 명씩 모둠을 만들어 조사한 내용을 서로 말해 보세요. 그리고 그 내용을 정리해서 앞에 나와 말해 보세요.

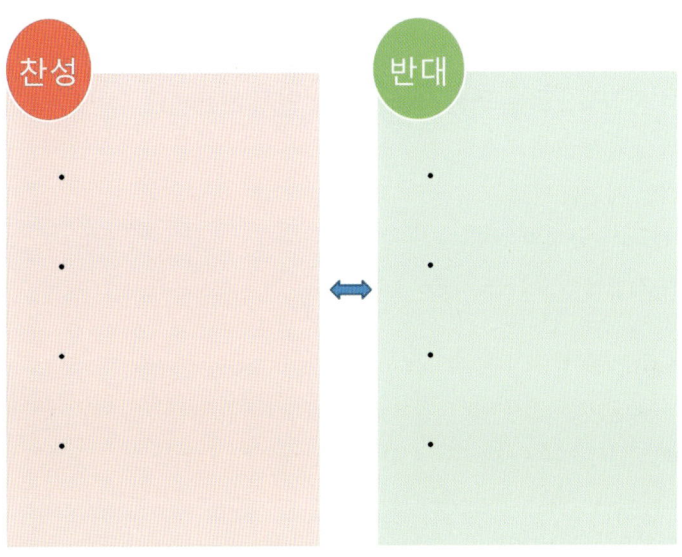

예시 담화 🎧 08

듣기 어린이가 부모에게 맞아 숨진 사건이 일어나 TV 토론회에서 '가정에서의 체벌, 교육인가? 폭력인가?'를 주제로 토론을 합니다. 남자들과 여자들 중에서 가정에서의 체벌이 폭력이라고 생각하는 사람은 누구인가요? 잘 듣고 대답해 보세요.

내용 이해 질문

1. 대화에서 중점적으로 논의한 내용은 무엇인지 고르세요. (   )
1. 체벌의 교육적 효과
2. 효과적인 체벌의 방법
3. 전 세계 체벌 규정의 차이
4. 폭력과 체벌을 구분하는 기준

2. 다음은 대화를 듣고 한 메모입니다. 빈칸에 알맞은 내용을 채워 메모를 완성합시다.

주제 : 체벌도 교육인가?	
찬성	반대
체벌은 잘못된 행동을 교정할 수 있는 좋은 훈육 방법	① ( ) 진정한 교육적 효과는 없음
체벌 이전에 다른 방법을 사용해야 함. 하지만 다른 방법을 통해 교정되지 않으면 마지막으로 사용할 수 있는 강력한 훈육 방법이 체벌임	실제로는 감정적이고 정도를 넘어선 체벌이 행해지기 쉬움 ② ( )
③ ( )	

3. 대화에서 알 수 있는 내용과 일치하면 '참', 일치하지 않으면 '거짓'으로 대답하세요.

1. 체벌은 완벽하고 이상적인 훈육 방법은 아니다. (   )
2. 영국에서는 아이들이 잘못하면 무조건 체벌을 한다. (   )
3. 부모에게 정서적인 폭력을 당한 아이들은 경찰을 부를 수 있다. (   )
4. 가정에서도 학교처럼 체벌 대신 벌점 제도를 사용하기 시작했다. (   )

단어

체벌	폭력	간주하다	엄격하다	처벌하다
매	버리다	훈육	목숨	교정하다
선하다	전제하다	인정하다	뉘우치다	모면하다
눈을 피하다	타이르다	개선되다	벌점	도입되다
반항하다	권위	무너지다	바로잡다	역효과
가급적	지양되다	무차별적	절차	거치다
강도	변수			

표현

표현 1. -지 않겠습니까?

A: 이런 상황에서 체벌을 통한 교육적 효과를 기대하기 힘들지 않겠습니까?
B: 물론 체벌을 하기에 앞서 말로 충분하게 타일러야 한다고 생각합니다.

A: 내일까지 자료를 조금 더 준비해서 내용을 수정해 보세요.
B: 시간이 없으니까 지금 내용을 정리해서 완성하는 게 낫지 않겠습니까?

A: 연휴라 차가 막힐 테니 기차로 가는 게 **빠르지** 않겠습니까?
A: 이 내용은 겹치니까 **빼는** 게 낫지 않겠습니까?
A: 건강을 위해서 라면보다는 밥을 먹는 게 **좋지** 않겠습니까?

> **1** '**-지 않겠습니까?**'는 동사와 형용사 뒤에 붙어 상대방의 생각이나 의견과는 다른 자신의 생각이나 의견을 조심스럽게 주장함을 나타낸다.
>
> **2** 명사 뒤에는 '-이/가 아니겠습니까?'의 형태로 사용된다. 받침이 있는 명사 뒤에서는 '-이 아니겠습니까?'를, 받침이 없는 명사 뒤에서는 '-가 아니겠습니까?'를 쓴다.
>
> **3** '-지 않을까(요)?'와 유사한 의미이다. 다만 '-지 않을까(요)?'가 더 부드러운 느낌을 주어 일상 대화에서 주로 사용되는 반면에 '-지 않겠습니까?'는 보다 격식적인 느낌을 주어 토론이나 발표와 같은 공식적인 말하기 상황에서 주로 사용된다.
>
> **4** 토론에서는 상대방의 말에 조심스럽게 반론을 제기할 때 주로 사용한다.

표현 2. -기에 앞서(서)

A: 체벌이 아닌 다른 방법을 통해서 충분히 교육을 할 수 있다고 생각합니다.
B: 물론 체벌을 하기에 앞서 말로 충분하게 타일러야 한다고 생각합니다.

A: 입사 전형이 몇 단계인가요? 지원하면 바로 면접을 보나요?
B: 아니요, 면접에 앞서 필기시험을 치르셔야 합니다.

A: 토론을 시작하기에 앞서 이번 발언 순서를 말씀드리도록 하겠습니다.
A: 본격적인 행사를 시작하기에 앞서 사장님의 인사 말씀을 듣도록 하겠습니다.
A: 다른 사람을 탓하기에 앞서 나의 잘못을 먼저 반성해 봐야 합니다.

> **1** '**-기에 앞서(서)**'는 동사 뒤에 붙어 그 동사의 행위보다 뒤따르는 문장의 행위를 먼저 한다는 행동의 순서를 나타낸다.

② 명사 뒤에 붙을 때에는 '-에 앞서(서)'의 형태로 쓰인다.

③ '-기 전에'와 유사한 표현이지만, 토론이나 발표와 같은 공식적인 말하기 상황에서는 '-기에 앞서(서)'가 더 자주 사용된다.

표현 3. -(ㄴ/는)다는 말처럼

A: 폭력은 폭력을 낳는다는 말처럼 체벌이 습관이 되면, 아이들은 특정 목적을 달성하기 위해 신체에 고통을 가하는 것이 정당하다고 믿게 될 수도 있습니다.

A: 이번 회사도 면접에서 떨어졌어. 아무래도 난 포기해야 할까 봐.
B: 열 번 찍어 안 넘어가는 나무 없다는 속담처럼 끝까지 포기하지 않으면 다음엔 꼭 합격할 수 있어. 힘내!

A: 실패는 성공의 어머니라는 말처럼 이 모든 과정이 다 네 성공에 도움이 될 테니까 끝까지 포기하지 마.
A: 돌다리도 두들겨 보고 건너라는 말처럼 모든 일을 신중하게 처리해야 나중에 실수가 없지.
A: 가는 말이 고와야 오는 말이 곱다는 말처럼 우리가 먼저 손님들께 웃으면서 친절하게 인사를 해야 합니다.

① '-(ㄴ/는)다는 말처럼'은 속담이나 격언 뒤에 쓰여 그 말을 인용하여 말하는 사람의 생각이나 주장의 근거로 삼을 때 사용한다. '말' 대신에 '속담', '격언', '명언' 등과 같은 말로 바꿔 쓸 수 있다. 받침이 있는 동사 뒤에는 '-는다는 말처럼'을, 받침이 없는 동사 뒤에는 '-ㄴ다는 말처럼'을 쓴다. 단, 받침이 'ㄹ'인 경우 'ㄹ'을 탈락시킨 후 '-ㄴ다는 말처럼'으로 쓴다. 형용사나 '-았/었/였-'과 '-겠-' 뒤에는 '-다는 말처럼'을 쓴다.

② 속담이나 격언 등이 명사로 끝나는 말일 경우에는 '-(이)라는 말처럼'의 형태를 사용한다. 받침이 있는 명사 뒤에는 '-이라는 말처럼'을, 받침이 없는 명사 뒤에는 '-라는 말처럼'을 쓴다.

③ 토론에서는 유명한 속담이나 격언을 근거로 제시하여 자신의 주장을 펼칠 때 자주 사용된다. 같은 의미로 '-(ㄴ/는)다는 말이 있듯(이)', '-(ㄴ/는)다는 말(과) 같이'라는 표현도 사용할 수 있다.

연습

연습 1. 다음 중에서 알맞은 단어를 넣어 말해 보세요.

| 버리다 | 가급적 | 타이르다 | 모면하다 | 뉘우치다 |
| 간주하다 | 엄격하다 | 전제하다 | 인정하다 | 무차별적 |

1 가: 동생이 요즘 사춘기인가 봐. 너무 말을 안 들어서 때려 주고 싶다니까.

　나: 그래도 말로 잘 _____. 때리면 더 반항할 거야.

2 가: 너 자꾸 거짓말 할래?

　나: 정말 죄송해요. 진심으로 _____고 있어요.

3 가: 내일은 할 일이 많으니까 _____ 일찍 오세요.

　나: 네, 알겠습니다. 내일 뵙겠습니다.

연습 2. 공통으로 들어갈 단어를 넣어 말해 보세요.

| 우유가 너무 오래 돼서 _____. |
| 요새 술을 너무 많이 마셔서 몸을 _____. |
| 행복하게 살기 위해서는 욕심을 _____고 작은 일에도 감사할 줄 알아야 해. |

연습 3. '-지 않겠습니까?'를 사용해서 말해 보세요.

1 가: 일기 예보를 보니 주말에 강원도에 폭설이 내린다고 합니다. 눈이 오면 너무 위험하니까 설악산 등산은 _____

　나: 그렇게 해야겠네요. 일단 다른 사람들한테도 연락 돌려서 다시 날짜를 잡아 보세요.

2 가: 우리 팀장님처럼 모든 일에 열정적이신 분도 없는 것 같습니다. 우리도 팀장님을 본받아서 _____

　나: 맞아요. 우리보다 더 열심히 하시니 어떨 땐 정말 부끄럽다니까요.

연습 **4.** '-기에 앞서(서)'를 사용해서 말해 보세요.

① 가: 전국의 프로야구 팬 여러분 안녕하십니까? 오늘은 프로야구 개막일입니다.

   나: 네, 반갑습니다, 여러분. 본격적으로 오늘 경기를 _____ 인기 가수 김호영 씨가 시구를 하겠습니다.

② 가: 청소년들이 진로를 결정할 때 도움이 될 만한 조언을 한 말씀 부탁드립니다.

   나: 가장 중요한 것은 _____ 다양한 경험을 해 봐야 한다는 것입니다.

연습 **5.** '-(ㄴ/는)다는 말처럼'을 사용해서 말해 보세요.

① 가: 왜 저는 한국어 점수가 안 오르는지 모르겠어요.

   나: _____ 한국어 공부를 평소에 꾸준히 하는 게 중요해요.

② 가: 쇼트트랙 경기 봤어요? 마지막에 우리 선수가 넘어져서 너무 아쉬웠어요.

   나: _____ 아무리 완벽한 사람도 실수할 때가 있죠. 실력이 있는 선수니까 다음번에는 더 잘할 겁니다.

연습 **6.** 다음 중에서 알맞은 표현을 사용하여 말해 보세요.

| -지 않겠습니까? | -기에 앞서(서) | -(ㄴ/는)다는 말처럼 |

① 가: 오늘도 야근해야 되려나?

   나: 어제도 야근을 했으니 오늘은 _____

   (일찍 퇴근해도 되다)

② 가: 과일 가게 아들이 이번에 교수가 됐대요. 그렇게 고생해서 번 돈으로 공부시켜서 교수까지 됐으니 그 아주머니가 얼마나 뿌듯하시겠어요.

   나: 그러게요. _____.

   (고생 끝에 낙이 온다, 그동안 고생한 보람이 있다)

③ 가: 한국에 있는 대학교에 진학하고 싶은데 뭘 준비해야 할지 모르겠습니다. 전공 공부를 좀 해야 할까요?

   나: _____.

   (전공 공부를 하다, 한국어 실력을 먼저 갖추다)

활동

활동 1. 토론을 위해 체벌과 관련된 단어를 말해 보세요. 단어의 의미를 모르는 사람이 있으면 뜻도 함께 설명해 주세요.

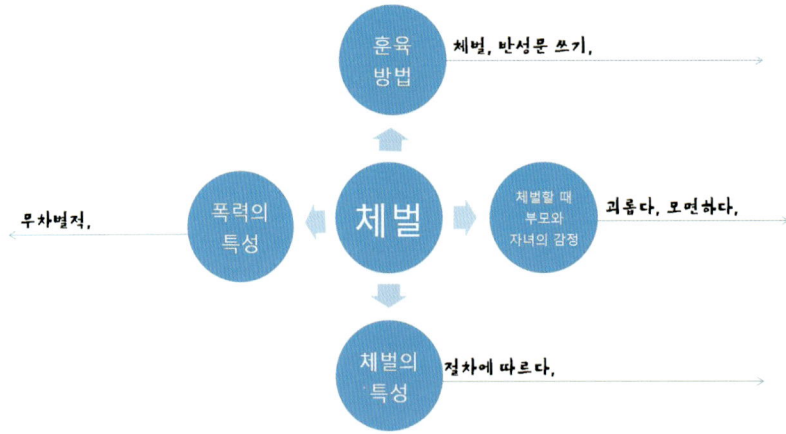

활동 2. 카드를 뽑아서 나온 표현을 사용해서 속담이나 격언을 인용하여 말해 보세요.

① 네 명씩 모둠을 만든 다음 표현 카드를 각각 한 장씩 뽑으세요. 자신이 말할 차례가 되면 반드시 뽑은 표현을 사용해야 합니다.

속담에 -(ㄴ/는)다는 말이 있습니다. -(ㄴ/는)다는 뜻이죠.
-(ㄴ/는)다는 말을 아십니까? -(ㄴ/는)다는 뜻의 속담입니다.
-(ㄴ/는)다는 속담이 있습니다. -(ㄴ/는)다는 의미죠.
-(ㄴ/는)다는 말을 들어 보신 적이 있으십니까? -(ㄴ/는)다는 의미인데요.
옛말에 -(ㄴ/는)다는 말이 있습니다. -(ㄴ/는)다는 뜻이죠.
속담 중에 -(ㄴ/는)다는 말을 아십니까? -(ㄴ/는)다는 뜻으로 -의 중요성을 말하는 속담이죠.

② 속담 카드를 한 장 뽑습니다. 각자 자신이 뽑은 표현 카드의 표현을 사용하여 속담이나 격언을 인용하는 말하기를 해 봅니다. 이때, 반드시 자신이 뽑은 카드에 있는 표현을 사용해야 합니다.

오른손으로 벌주고 왼손으로 안아 줘라.
매를 아끼면 자식을 버린다.
미운 아이 떡 하나 더 준다.
매 끝에 정든다.

> 꽃으로도 아이를 때리지 마라.

> 세 살 버릇 여든까지 간다.

③ 네 명이 모두 속담이나 격언을 인용하여 말하기가 끝나면 다시 표현 카드와 속담 카드를 뽑아 말해 보세요.

> **교사 도움말**
> 제시된 속담 대신 [준비 2]에서 조사해 온 체벌, 교육 관련 속담을 활용할 수 있다.

활동 3. 가정에서의 체벌을 찬성합니까, 반대합니까? 생각이 같은 두 명이 짝이 되어 체벌에 대한 자신의 생각과 근거를 말해 보세요. 주장을 뒷받침할 수 있는 속담이나 격언이 있다면 적극적으로 활용해 보세요.

주장	가정에서의 체벌에 찬성합니까, 반대합니까?		
	근거 가정에서의 체벌에 찬성 혹은 반대하는 이유는 무엇입니까?	**예상되는 반론** 당신과 다른 입장에 있는 사람들은 어떤 이유에서 가정에서의 체벌에 반대 혹은 찬성합니까?	**반박** 당신과 다른 입장에 있는 사람의 생각을 반박할 수 있는 근거는 무엇입니까?
결론	가정에서의 체벌에 대한 자신의 생각과 근거를 정리해 보세요.		

활동 4-1. 가정에서의 체벌에 찬성하는 사람과 반대하는 사람으로 나눠 학급 친구들과 자유롭게 토론을 해 보세요. 이때, 주장을 뒷받침할 수 있는 속담이나 격언이 있다면 적극적으로 활용해 보세요.

찬성	반대

활동 4-2. 두 명의 학생은 앞에 나와 토론이 진행되는 동안 각각 찬성과 반대 측에서 주장한 내용을 칠판에 메모하세요. 토론이 끝나면 메모를 담당했던 학생들이 칠판의 메모를 보면서 오늘의 토론을 정리하여 말해 보세요.

정리와 평가

1. 오늘의 '토론 왕'을 뽑아 보세요. 그렇게 생각한 이유도 함께 말해 보세요.

> **교사 도움말**
> 이번 시간의 토론 왕은 적절한 속담이나 격언을 인용하여 주장하기를 가장 잘 한 사람을 뽑아 보는 것도 좋다.

2. 다음 질문에 답을 하면서 나의 토론 실력을 확인해 보세요.

질문	잘함	보통	못함
주장을 뒷받침할 수 있는 속담이나 격언을 활용해서 나의 주장을 펼칠 수 있었습니까?			
속담이나 격언을 인용하여 말할 때 필요한 표현을 잘 사용할 수 있었습니까?			
상대방이 제시한 속담이나 격언이 주장의 적절한 근거가 될 수 있는지 판단할 수 있었습니까?			
총평 및 보완점			

3. 토론의 내용을 바탕으로 가정에서의 체벌이 허용되어야 한다는 주장에 대한 자신의 생각과 근거를 말해 보세요.

이렇게 말하면 돼요.

내용 이해 질문
1. ①
2. ① 체벌의 폭력성 때문에 아이들은 상황을 모면하고자 뉘우치는 척할 뿐
   ② 체벌을 당하는 아이들에게 폭력이 정당하다는 잘못된 인식을 심어 주게 될 수 있음
   ③ 아이가 잘못을 반성할 수 있도록 정해진 절차를 거쳐 체벌을 해야 함
3. **1** 참 **2** 거짓 **3** 거짓 **4** 거짓

연습
1. **1** 타일러
   2 뉘우치고
   3 가급적
2. 버리다
3. 예 **1** 다음으로 미뤄야 되지 않겠습니까?
   2 열심히 해야 되지 않겠습니까?
4. 예 **1** 시작하기에 앞서
   2 진로를 결정하기에 앞서
5. 예 **1** 천 리 길도 한 걸음부터라는 말처럼
   2 원숭이도 나무에서 떨어질 때가 있다는 말처럼
6. **1** 일찍 퇴근해도 되지 않겠습니까?
   2 고생 끝에 낙이 온다는 말처럼 그동안 고생한 보람이 있네요
   3 전공 공부를 하기에 앞서 한국어 실력을 먼저 갖춰야 해요

09 동거, 결혼 제도의 대안인가?

준비

준비 1. 여러분이 아는 사람 중에서 다음에 해당하는 한 사람을 골라 인터뷰를 해 보세요.

- 공개적으로 동거를 하고 있는 사람
- 비공개로 동거를 하고 있는 사람
- 동거를 하다가 헤어진 경험이 있는 사람
- 동거를 하다가 그 사람과 결혼한 사람
- 아이를 낳고도 결혼하지 않고 동거를 하고 있는 사람

1) 왜 그런 선택을 했는지, 현재 가장 힘든 점과 좋은 점은 무엇인지, 그리고 다른 사람들의 시선은 어떤지 등을 질문해 보세요.

2) 모둠별로 인터뷰 결과를 말해 보세요.

> **교사 도움말**
> 모둠 발표를 통해 다양한 사례를 경험할 수 있도록 각각 다른 유형의 사람을 인터뷰한 학생들을 한 모둠으로 구성한다.

준비 2. 동거 커플의 결혼 만족도, 동거 커플의 현황 등에 대한 연구가 있는지 찾아보고, 그 내용을 함께 말해 보세요.

연구 기관	
연구 대상	
연구 방법	
연구 내용	
연구 결과	
연구 의의	

Korean Speaking-Discussion

준비 3. 동거의 장점과 단점에 대해 조사해 본 다음에 네 명씩 짝을 지어 조사한 내용을 서로 말해 보세요. 그리고 그 내용을 정리해서 앞에 나와 말해 보세요.

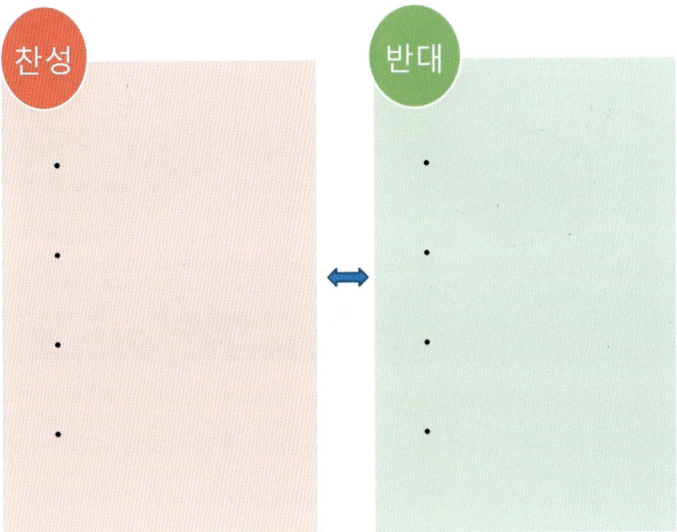

예시 담화 🎧 09

듣기 대학의 교양 수업에서 토론 대회가 열렸습니다. '동거, 결혼 제도의 대안인가?'라는 주제로 찬성하는 팀과 반대하는 팀으로 나뉘어 서로의 주장을 펼칩니다. 남자들과 여자들 중에서 동거를 긍정적으로 생각하는 사람은 누구인가요? 잘 듣고 말해 보세요.

내용 이해 질문

1. 프랑스에서 빡스 제도가 활성화된 이후에 나타난 변화는 무엇입니까?

2. 대화에서 주장의 설득력을 높이기 위해 사용한 방법이 맞으면 '참', 틀리면 '거짓'으로 대답하세요.
   1 다른 나라의 사례를 제시하여 상대방을 설득하고 있다. (   )
   2 연구 결과를 인용하여 자신의 주장을 뒷받침하고 있다. (   )
   3 유명한 속담을 사용하여 자신의 의견을 강조하고 있다. (   )
   4 전문가의 말을 인용하여 자신의 생각을 뒷받침하고 있다. (   )

3. 다음은 대화를 듣고 한 메모입니다. 잘못 메모한 부분이 있으면 찾아 바르게 고쳐 말해 보세요.

주제 : 동거, 결혼 제도의 대안인가?	
찬성	반대
① 결혼을 신중하게 결정해야 함. 동거를 하면 경제적 이득이 있음.	② 동거 후 결혼하는 커플이 많지 않음. 혼전 동거를 통한 예행 연습이 무의미함.
③ 프랑스 동거 커플 지원 확대. → 삶의 만족도 증가로 출산율이 낮아짐.	④ 자녀 출산과 양육을 원하면 동거가 아닌 결혼을 하면 됨.
⑤ 동거는 결혼과 다르며 결혼을 하면 배우자뿐만 아니라 배우자 가족과도 관계를 맺어야 함. → 배우자 가족과 갈등 유발.	

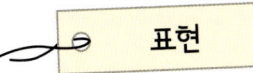

동거	대안	혼전	제각각	확신
필수적	이혼율	연구	만족도	실태
파악하다	활성화되다	안정성	확보되다	엄연히
가정	결합	당사자	적합하다	취하다

표현

표현 1. -에 따르면

A: 동거는 결혼을 결정하기 전에 두 사람이 잘 살 수 있는지를 미리 경험해 보는 필수적인 절차라 생각합니다.
B: 미국 덴버대학교의 연구 결과에 **따르면**, 결혼 전에 동거를 한 커플이 그렇지 않은 커플에 비해 결혼 생활에 대한 만족도가 더 낮다고 합니다.

A: 장사가 너무 안돼 걱정이에요. 언제쯤 경제가 다시 좋아질지 모르겠어요.
B: 정부 발표에 **따르면** 내년부터 경제가 회복될 것이라고 하던데요.

A: 일기예보에 **따르면** 내일부터 장마가 시작된다고 합니다.
A: 이 보고서에 **따르면** 남성의 가사 분담률이 증가하고 있다고 합니다.
A: 행사 순서에 **따르면** 이 다음에 축하 공연이 있을 거야.

> ■ '-에 따르면'은 명사 뒤에 쓰여 말하는 사람이 근거를 두고 있는 기준을 나타낸다.
> ■ '-에 의하면'과 유사한 의미이며, 두 표현 모두 토론이나 발표와 같은 공식적인 말하기 상황에서 주로 사용된다.
> ■ 토론에서는 설문 조사나 연구 결과, 정책, 법률 조항 등을 근거로 들어 자신의 주장을 펼칠 때 주로 사용된다.

표현 2. -고자

A: 최근 프랑스에서 동거 커플에 대한 실태를 파악하고자 대규모 연구가 이루어졌는데 빡스가 활성화된 이후 출산율이 증가하였다고 합니다.

A: 저출산 문제가 단순히 개인적인 문제는 아니라고 생각합니다.
B: 그래서 정부에서도 저출산 문제를 해결하고자 여러 가지 방안을 마련하고 있습니다.

A: 아랍어 통역을 좀 부탁드리고자 연락을 드렸습니다.
A: 이 프로젝트를 기일 내에 끝내고자 전 직원이 야근을 했습니다.
A: 흐엉 씨가 떠나기 전에 좋은 추억을 만들어 주고자 이번 여행을 계획했습니다.

> ■ '-고자'는 동사 뒤에 쓰여 행위의 목적을 나타낸다.
> ■ '-기 위해서', '-(으)려고'와 비슷한 의미이지만, '-고자'는 주로 토론이나 발표와 같은 공식적인 말하기 상황에서 사용된다.
> ■ 토론에서는 주로 설문 조사나 연구 목적을 말할 때 또는 어떤 제도나 정책의 목적을 말할 때 사용된다.
> ■ '-고자' 뒤에 '하다'가 붙어 '-고자 하다'의 형태로도 자주 사용되는데 이때는 말하는 사람의 의도나 희망을 나타낸다. 토론에서는 주로 사회자가 토론의 진행 방향을 제시할 때 '이상으로 토론을 마무리하고자 합니다', '찬성 측 주장을 조금 더 들어 보고자 합니다'와 같이 쓰인다.

표현 3. -다시피

A: 프랑스 사례를 통해 알 수 있다시피 동거 커플에 대한 사회적 인식과 법적 안정성이 확보된다면 사랑하는 사람과 함께 살고 싶은 자연스러운 욕구를 충족시킬 수 있는 동시에 요즘 이슈가 되고 있는 저출산 등의 사회적 문제 해결에도 긍정적인 영향을 끼칠 수 있을 것이라고 봅니다.
B: 바로 그 법적 안정성과 자녀 출산 및 양육을 위해서 결혼이라는 제도가 있지 않습니까?

A: 이 결과를 통해 확인할 수 있다시피 저출산 문제를 해결하기 위해서는 정부의 적극적인 지원이 필요합니다.
B: 그렇다면 구체적으로 어떤 지원을 할 수 있을까요?

A: 보시다시피 우리가 버린 쓰레기로 인해 강이 썩어 가고 있습니다.
A: 다들 알고 계시다시피 이 사건은 누구 하나의 잘못이 아닙니다. 우리 모두의 잘못입니다.
A: 우리가 오늘 모인 이유는 들으셨다시피 이번 프로젝트의 방향을 수정하기 위해서입니다.

> **1** '-다시피'는 '알다', '보다', '듣다', '느끼다', '짐작하다', '확인하다'와 같은 동사 뒤에 붙어 '-는 것과 같이', '-는 것처럼'의 의미를 나타낸다. '-다시피' 뒤에는 말하는 사람과 듣는 사람이 인지한 것을 통해 새롭게 알게 되거나, 이를 통해 이끌어 낼 수 있는 내용이 온다.
>
> **2** 토론에서는 주로 지각을 나타내는 동사 뒤에 붙어 '-는 것과 같이', '-는 것처럼'의 뜻으로 사용된다. 설문이나 연구 결과를 제시하고, 그를 통해 이끌어 낼 수 있는 사실이나 주장을 말할 때 자주 쓴다.

연습

연습 1. 다음 중에서 알맞은 단어를 넣어 말해 보세요.

| 대안 | 제각각 | 필수적 | 파악하다 | 확보하다 |
| 엄연히 | 결합 | 당사자 | 적합하다 | 취하다 |

1 가: 지민 씨랑 앤드루 씨가 헤어졌다면서요? 왜 그랬대요?

　나: 글쎄요. 저도 잘 모르겠어요. _____이/가 아닌데 제가 어떻게 알겠어요.

2 가: 이번 회식은 어디에서 하기로 했어요?

　나: 사람들마다 원하는 장소가 _____(이)라서 아직 고민 중이에요.

3 가: 이번에 우리 회사에서 태국어 할 줄 아는 사람을 뽑는대요. 진우 씨 아내분께 지원해 보라고 하세요.

　나: 정말요? 하긴 태국에서 성공하려면 먼저 현지 출신 인력을 _____는 게 맞죠.

4 가: 우리 팀원 중에 이 일을 하기에 _____ -(으)ㄴ/는 사람이 누구일까요?

　　나: 샐리 씨가 비슷한 일을 해 봤으니까 잘하지 않을까요?

연습 2. 알맞은 것을 연결한 후에 주어진 표현을 사용하여 말해 보세요.

1 관리사무소 공지	해외에서도 많은 손님들이 온다고 들었다
2 외교부	많은 사람이 모여서 그렇다
3 광복절 행사에 참석하다	내일 오후에 지하 주차장 청소가 있다고 한다
4 출국 장면을 보다	내가 그런 큰돈이 어디 있겠니?
5 너도 알다	이번 일은 우리 회사 책임도 있습니다
6 제가 말씀드리다	내년부터 무비자로 러시아 여행을 갈 수 있다고 한다

1 가: _____

　　나: 그렇다면 내일 아침에 지하에 주차해 놓은 차를 1층으로 옮겨야겠네요.

2 가: _____

　　나: 내년부터 러시아를 방문하는 관광객이 많이 늘어나겠네요.

3 가: 내일 광복절을 맞아 전국 곳곳에서 기념행사가 있다고 하네요.

　　나: _____

4 가: 오늘 인천공항이 왜 이렇게 복잡한가요?

　　나: 독일로 훈련을 떠나는 국가 대표 축구 선수들의 _____

5 가 : 급히 2천만 원이 필요한데 한 달만 빌려주면 안 될까?

　　나: _____

6 가: _____

　　나: 그래, 그렇지. 그럼 이 문제를 어떻게 해결하는 게 좋겠나?

연습 3. 다음 중에서 알맞은 표현을 사용하여 말해 보세요.

| -에 따르면 | -고자 | -다시피 |

1 가: _____.

　　　한 학기 동안 고생 많으셨습니다.

　나: 감사합니다, 선생님!

　　　　　　　　　　　(여러분도 알다, 오늘 강의가 이번 학기의 마지막 강의이다)

2 가: 다들 홍 대리가 _____?

　나: 그럼요. 정말 이번 성공은 홍 대리 덕분이에요.

　　　　　　　　　　　(이번 프로젝트를 성공시키다, 얼마나 고생했는지 알다)

3 가: 와인은 몸에 좋으니까 많이 마셔도 돼.

　나: 어제 본 _____.

　　　　　　　　　　　(뉴스, 하루 세 잔 이상은 건강에 좋지 않다)

활동

활동 1. 토론을 위해 동거와 관련된 단어를 말해 보세요. 단어의 의미를 모르는 사람이 있으면 뜻도 함께 설명해 주세요.

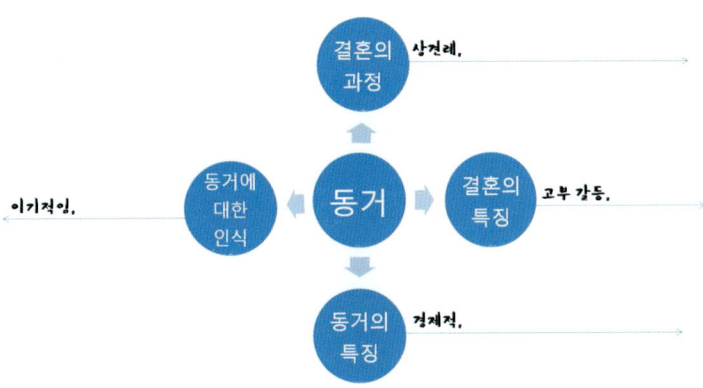

활동 2. 카드를 뽑아서 나온 표현을 사용해서 연구 결과를 인용하여 주장하는 연습을 해 보세요.

① 카드를 한 장씩 뽑으세요.

> 1. -에서 -고자 -을/를 대상으로 연구가 이루어졌습니다.
> 2. 연구 결과 -(ㄴ/는)다는 것이 밝혀졌습니다.

> 1. -에서 -고자 대규모/소규모 연구를 실시했는데요.
> 2. 그 결과 -(ㄴ/는)다는 것을 확인할 수 있었습니다.

> 1. -와/과 관련된 연구가 -에서 -을/를 대상으로 이루어졌는데요.
> 2. 연구 결과 -(ㄴ/는) 것으로 밝혀졌습니다.

> 1. -에서 -을/를 대상으로 연구가 진행됐는데요.
> 2. 그 결과에 따르면 -(ㄴ/는)다고 합니다.

> 1. -에서 -고자 -을/를 대상으로 실시한 연구가 있는데요.
> 2. 연구진에 따르면 -(ㄴ/는)다고 합니다.

> 1. -에서 -(이)라는 주제로 실시한 연구가 있는데요.
> 2. 그 연구에 의하면 -(ㄴ/는)다고 합니다.

② 두 사람이 짝이 되어 수업 전에 준비해 왔던 연구 결과를 서로 말해 보세요. 이때, 반드시 자신이 뽑은 표현을 사용해야 합니다.

③ 두 사람의 말하기가 끝나면 다른 짝을 만나서 ②의 활동을 반복합니다.

> **교사 도움말**
> 1. 학생의 수가 더 많다면 표현을 다른 방식으로 조합해서 학생 수만큼 표현 카드를 준비한다.
> 2. 이 활동은 상대방의 말에 설문 결과를 근거로 들어 자신의 주장을 펼칠 때 자주 사용되는 표현을 연습하기 위한 활동이다. 학생들이 말할 내용에 대해 부담을 갖지 않게 [준비 2]에서 조사해 온 내용을 적극적으로 활용하도록 지도한다.

활동 3. 동거를 찬성합니까, 반대합니까? 생각이 같은 두 명이 짝이 되어 동거에 대한 생각과 그 근거를 말해 보세요. 이때 자신의 주장을 뒷받침할 수 있는 연구 결과가 있다면 적극적으로 활용해 보세요.

주장	동거를 찬성하십니까, 반대하십니까?		
	근거 동거에 찬성 혹은 반대하는 이유는 무엇입니까?	예상되는 반론 당신과 다른 입장에 있는 사람들은 어떤 이유에서 동거에 반대 혹은 찬성합니까?	반박 당신과 다른 입장에 있는 사람의 생각을 반박할 수 있는 근거는 무엇입니까?
결론	동거 제도에 대한 자신의 생각과 근거를 정리해 보세요.		

활동 4-1. 네 명씩 모둠을 만들어 동거에 대해 토론을 해 보세요. 이때, 주장을 뒷받침할 수 있는 연구 결과가 있다면 적극적으로 활용해 보세요.

찬성	반대

활동 4-2. 모둠별로 토론한 내용을 정리하여 말해 보세요.

정리와 평가

1. 오늘의 '토론 왕'을 뽑아 보세요. 그렇게 생각한 이유도 함께 말을 해 보세요.

> **교사 도움말**
> 이번 시간의 토론 왕은 관련 있는 연구 결과를 인용하여 주장하기를 가장 잘한 사람을 뽑아 보는 것도 좋다.

2. 다음 질문에 답을 하면서 나의 토론 실력을 확인해 보세요.

질문	잘함	보통	못함
주장을 뒷받침할 수 있는 연구 결과를 활용해서 나의 주장을 펼칠 수 있었습니까?			
연구 결과를 인용하여 말할 때 필요한 표현을 잘 사용할 수 있었습니까?			
상대방이 제시한 연구 결과가 적절한 근거가 될 수 있는지 판단할 수 있었습니까?			
총평 및 보완점			

3. 토론 내용을 바탕으로 동거에 대한 자신의 생각과 근거를 말해 보세요.

> 이렇게 말하면 돼요.

내용 이해 질문

1. 출산율 증가
2. ① 참
   ② 참
   ③ 참
   ④ 거짓
3. ① 경제적 이득이 있음 → 상대방을 보다 잘 이해할 수 있고, 상대에 대한 확신을 가질 수 있음
   ② 동거 후 결혼하는 커플이 많지 않음 → 동거 후 결혼하는 커플의 만족도가 높지 않음
   ③ 출산율이 낮아짐 → 출산율이 높아짐

연습

1. ① 당사자가
   ② 제각각이라서
   ③ 확보하는
   ④ 적합한
2. ① 관리사무소 공지에 따르면 내일 오후에 지하 주차장 청소가 있다고 하네요.
   ② 외교부에 따르면 내년부터 무비자로 러시아 여행을 갈 수 있다고 하던데요.
   ③ 광복절 행사에 참석하고자 해외에서도 많은 손님들이 온다고 들었어요.
   ④ 출국 장면을 보고자 많은 사람이 모여서 그렇습니다.
   ⑤ 너도 알다시피 내가 그런 큰돈이 어디 있겠니?
   ⑥ 제가 말씀드렸다시피 이번 일은 우리 회사 책임도 있습니다.
3. ① 여러분도 아시다시피 오늘 강의가 이번 학기의 마지막 강의입니다
   ② 이번 프로젝트를 성공시키고자 얼마나 고생했는지 알죠
   ③ 뉴스에 따르면 하루 세 잔 이상은 건강에 좋지 않다던데요

10 대학 교육, 선택인가? 필수인가?

준비

준비 1. '대학 토론 배틀', '100분 토론', '심야 토론' 등의 핵심어로 동영상을 검색해서 하나의 동영상을 시청하고 다음의 질문에 답을 해 보세요.

① 토론 주제는 무엇입니까?
   ⇨ _____
② 진행자는 무슨 역할을 합니까?
   ⇨ _____
③ 진행자가 토론을 시작하고 끝날 때까지 어떤 표현을 사용했습니까?

상황	표현
토론을 시작할 때	
토론 주제를 발표할 때	
토론자에게 발언권을 줄 때	
토론의 방향을 전환할 때	
토론자가 주제와 관련 없는 말을 할 때	
토론을 정리할 때	

준비 2. 네 명이 모둠을 만들어 아는 사람 혹은 유명인 중에서 다음에 해당하는 사람을 찾아 인터뷰를 해 보세요.

구분	대학 교육을 받음	대학 교육을 받지 않음
현재의 삶에 만족함		
현재의 삶에 만족하지 않음		

1) 현재 무슨 일을 하는지, 왜 그런 선택을 했는지 그리고 현재 가장 힘든 점과 좋은 점은 무엇인지 등을 질문해 보세요.

Korean Speaking-Discussion

2) 네 명이 모여 인터뷰 결과를 서로 말해 보세요.

준비 3. 대학 교육을 받지 않은 사람들을 위한 제도에 대해 말해 보세요.

1) 대학 교육을 받지 않은 사람들을 위해 시행되고 있는 제도를 알고 있습니까? 어떤 제도인지, 얼마나 많은 사람들이 이 제도를 활용하고 있는지, 그리고 이 제도가 가지고 있는 한계는 무엇인지 등을 조사해 보세요. 조사한 내용을 함께 말해 보세요.

2) 여러분은 대학에 진학하지 않은 사람을 위해 어떤 지원 제도가 필요하다고 생각합니까? 어떤 제도인지, 그 제도를 실현시키기 위한 구체적인 방법은 무엇인지 말해 보세요.

누구를 위한 제도입니까?	
어떻게 도와주는 제도입니까?	
언제부터 언제까지 도와주는 제도입니까?	

준비 4. 대학 교육이 필수라고 생각하는 입장과 선택이라고 생각하는 입장의 주장에 대해 조사해 본 다음에 네 명씩 모둠을 만들어 조사한 내용을 서로 말해 보세요. 그리고 그 내용을 정리해서 앞에 나와 말해 보세요.

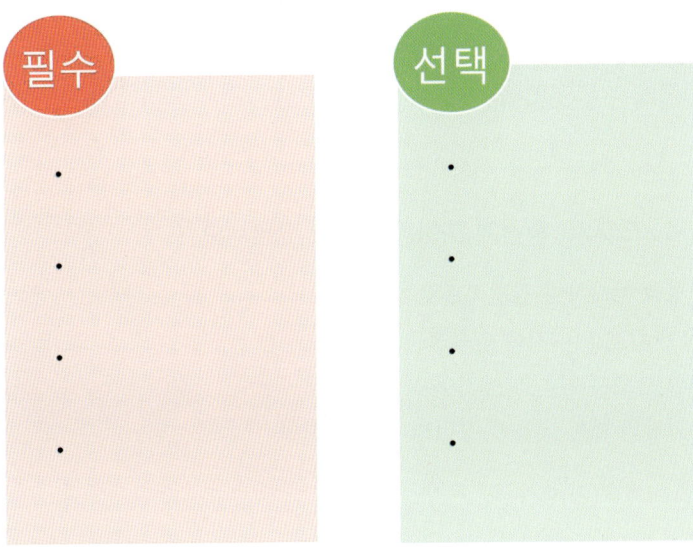

예시 담화 🎧 ⑩

듣기 외국인 토론 대회가 열렸습니다. 대학 교육이 선택인지 필수인지를 주제로 사회자의 진행에 따라 두 팀이 차례로 의견을 나눕니다. 남자들과 여자들 중에서 대학 교육이 필수라고 주장하는 사람은 누구인가요? 잘 듣고 대답해보세요.

내용 이해 질문

1. 학력 인플레는 무엇입니까?

2. 대화에서 사회자가 중간에 끼어든 이유를 고르세요. (   )

   ❶ 상대방을 무시하며 감정적으로 대응해서
   ❷ 양 팀이 같은 이야기를 반복하고 있어서
   ❸ 주제와 관련이 없는 이야기를 하고 있어서
   ❹ 지금까지의 토론 내용을 정리해 주기 위해서

3. 다음은 대화를 듣고 한 메모입니다. 빈칸에 알맞은 내용을 넣어 메모를 완성해 보세요.

주제 : 대학 교육, 선택인가? 필수인가?	
토론은 나의 힘	토론 왕
대학은 전문적 지식과 기술을 익히기 위한 선택적 교육 과정이므로 대학 선택으로 인한 ① (　　　) 이/가 크기 때문에 진정으로 원하는 사람만 대학에 진학해야 함.	고졸자에 대한 ② (　　　) 때문에 고졸 취업자들의 40%가 자신의 선택을 후회함.
차별받지 않기 위해서는 대학을 가야 한다는 잘못된 인식으로 인해 ③ (　　　)이/가 문제가 되고 있음.	대학 진학을 자율적으로 선택해야 한다고 주장하기 전에 고졸자에게 차별 없는 ④ (　　　)이/가 먼저 마련되어야 함.
현실의 문제를 보완하여 더 나은 사회를 만들려고 노력해야 함.	-
고졸자를 위한 지원 필요, 고등학교 때부터 전문 기술자 양성을 위한 지원 및 입사 시 ⑤ (　　　) 확대, → 학력보다는 실력 위주로 선발.	전문적인 기술이 필요한 직업군에 대한 ⑥ (　　　)이/가 중요, → 근무 환경과 급여 개선 필요.

단어

준결승전	발언	고도	익히다
시선	흐름	휩쓸리다	기회비용
방대하다	편견	불이익	고졸
통계	학력 인플레	탐구	순응하다
장치	개선	원론적	도모하다
투입되다	양성	스펙	블라인드 면접
직업군	급여	쾌적하다	열띠다

표현

표현 1. 와/과 달리

A: 대학 교육은 초·중등 교육과는 달리 고도의 전문적인 지식이나 기술을 익히고자 하는 사람들을 위한 선택적 교육과정입니다.

A: 지난겨울과 달리 올겨울은 눈이 많이 안 오네요.
B: 그러게요. 눈이 많이 내려야 겨울 느낌이 나는데 아쉬워요.

A: 일본 사람은 한국 사람과 달리 밥그릇을 들고 밥을 먹어요.
A: 우리 형은 저와 달리 활발하고 적극적인 성격이에요.
A: 한국과 마찬가지로 베트남도 옛날에는 한자를 썼어요.

> **1** '-와/과 달리'는 명사 뒤에 붙어 '그것과 비교하여 다르게'의 의미를 나타낸다. 받침이 있는 명사 뒤에는 '-과 달리'를, 받침이 없는 명사 뒤에는 '-와 달리'를 쓴다. 비교의 대상을 강조하기 위해 '는'을 붙여 '-와/과는 달리'의 형태로 사용하기도 한다.
>
> **2** '-와/과 달리'와 반대의 의미는 '-와/과 마찬가지로'를 사용하여 표현한다. 그리고 비교하는 두 대상의 성질이 서로 반대됨을 의미할 때에는 '-와/과 반대로'라는 표현을 사용한다. 토론에서는 어떤 두 대상의 공통점과 차이점을 비교하여 제시할 때 주로 사용된다.

표현 2. -(으)로 인해(서)

A: 몇몇 나라에서는 대학을 반드시 가야 한다는 잘못된 인식으로 인해 학력 인플레가 문제가 되고 있는 걸 모두 잘 아시잖아요.
B: 물론 학력 인플레는 반드시 해결되어야 할 문제입니다.

A: 시청 근처 공사로 인해 회사 앞에 길이 많이 막힌다네요.
B: 그래요? 그럼 이따 우리는 지하철로 이동해야겠어요.

A: 오늘 팀장님께서 감기로 인해 출근을 못 하신 관계로 회의를 취소하겠습니다.
A: 어젯밤에 일어난 화재로 인하여 많은 재산 피해가 있었습니다.
A: 이정민 선수는 부상으로 인해서 은퇴를 하게 되었습니다.

> **1** '-(으)로 인해(서)'는 명사 뒤에 붙어 그것이 뒤에 오는 어떤 일이나 상황의 이유나 원인이 됨을 나타낸다. 받침이 있는 명사 뒤에는 '-으로 인해(서)'를, 받침이 없는 명사나 받침이 'ㄹ'인 명사 뒤에는 '-로 인해(서)'를 쓴다.

> **2** '때문에'와 유사한 의미이지만 '때문에'가 일상적인 대화에서도 자주 사용되는 것과 달리, '-(으)로 인해(서)'는 토론이나 발표와 같은 공식적인 말하기 상황에서 주로 사용된다. '-(으)로 인해(서)'는 별다른 의미 차이 없이 '-(으)로 인하여'로 쓸 수도 있다.

표현 3. -(으)ㄴ/는데도 불구하고

A: 북유럽이야 대학을 가지 않아도 차별을 받지 않는 사회적 제도가 마련되어 있으니 진정으로 학문 탐구를 하고 싶은 사람들만 대학에 진학하지만, 아시아는 현실이 그렇지 않잖아요.
B: 현실이 이렇다고 해서 분명한 문제가 있는데도 불구하고 거기에 순응하는 것이 과연 최선일까요?

A: 몇 번을 얘기했음에도 불구하고 문제점이 개선되지 않네요.
B: 죄송합니다. 바로 처리하겠습니다.

A: 나츠카 씨는 외국인인데도 불구하고 한국 경찰이 되었어요.
A: 오늘 수업이 휴강되었다고 연락을 다 했는데도 불구하고 몇 명은 학교에 왔더라고.
A: 공부를 열심히 하는데도 불구하고 성적이 오르지 않아 걱정이에요.

> **1** '-(으)ㄴ/는데도 불구하고'는 동사나 형용사 뒤에 붙어 앞의 상황이나 사건에 얽매이지 않고 그와 관계없이 뒤의 상황이나 행위가 이루어짐을 의미한다. 동사, '있다/없다', '-았/었/였-', '-겠-' 뒤에는 '-는데도 불구하고'를 쓴다. 받침이 없는 형용사나 '이다/아니다' 뒤에는 '-ㄴ데도 불구하고'를, 받침이 있는 형용사 뒤에서는 '-은데도 불구하고'를 쓴다. 단, 받침이 'ㄹ'인 경우 'ㄹ'을 탈락시킨 후 '-ㄴ데도 불구하고'로 쓴다.
>
> **2** 명사 뒤에서는 '-에도 불구하고'의 형태로 사용된다. 토론이나 발표와 같은 공식적인 말하기 상황에서는 동사에 '-(으)ㅁ'을 붙여 명사형으로 바꾼 형태인 '-(으)ㅁ에도 불구하고'도 자주 사용된다. 받침이 있는 동사 뒤에서는 '-음에도 불구하고'를 쓰며, 받침이 없는 동사나 'ㄹ' 받침으로 끝나는 동사 뒤에서는 '-ㅁ에도 불구하고'를 쓴다.
>
> **3** '-(으)ㄴ/는데도'와 유사한 의미이지만 뒤의 상황이나 행위가 이루어지는 데에 앞의 상황이나 사건이 상관이 없음을 더욱 강하게 표현하기 위해서는 '-(으)ㄴ/는데도 불구하고'를 사용한다.

연습

연습 1. 다음 중에서 알맞은 단어를 넣어 말해 보세요.

| 익히다 | 시선 | 휩쓸리다 | 기회비용 | 방대하다 |
| 불이익 | 장치 | 도모하다 | 스펙 | 쾌적하다 |

1 가: 남자 친구랑 결혼 안 해? 오래 만났잖아.

　나: 우리는 둘 다 결혼할 생각은 없고 동거를 할까 해. 근데 다른 사람들 _____ 이/가 좀 신경 쓰이네.

2 가: 페르난도 씨, 우리 회사에 지원해 볼래요? _____ 은/는 상관없고 한국어만 잘하면 합격할 수 있다니까 좋은 기회가 아닐까요?

　나: 정말요? 나도 지연 씨 회사에 다니고 싶었는데 정말 잘됐네요.

3 가: 이번 보고서는 분량이 _____ 기 때문에 정리를 잘 해야 해요.

　나: 네, 알겠습니다. 저희들이 나눠서 잘 정리하겠습니다.

연습 2. 공통으로 들어갈 단어를 골라 말해 보세요.

| 바다에서 물놀이를 하던 5살 어린이가 파도에 _____ 숨졌습니다. |
| 광장에 사람이 너무 많아 사람들에 _____ 지하철역까지 갔다. |
| 우리 사장님은 분위기에 쉽게 _____ 는 경향이 있어. |

연습 3. '-와/과 달리'를 사용해서 말해 보세요.

1 가: 과제는 다 했어요? 봐야 할 자료가 많죠?

　나: 네, 정말 많네요. _____ 아/어/여서 애를 먹고 있어요.

2 가: 장사는 잘돼요?

　나: _____ 아/어/여서 큰일이에요.

연습 **4.** '-(으)로 인해(서)'를 사용해서 말해 보세요.

　1 가: _____ 100명이나 부상을 당했대요.

　　　나: 아이고, 큰일이네요. 더 이상의 피해는 없어야 할 텐데요.

　2 가: 회사 식당에 무슨 일 있어요?

　　　나: _____ 식당에 불이 났대요.

연습 **5.** '-(으)ㄴ/는데도 불구하고'를 사용해서 말해 보세요.

　1 가: _____ 숙제를 아직도 다 못 했다고?

　　　나: 감기에 걸려서 아무것도 할 수 없었거든.

　2 가: 어제 따님한테 자전거 타는 법 잘 가르쳐 주셨어요?

　　　나: 응, 결국 성공했지. 자전거를 타다가 _____ 포기하지 않더라고.

연습 **6.** 다음 중에서 알맞은 표현을 사용하여 말해 보세요.

> -와/과 달리　　　　-(으)로 인해(서)　　　　-(으)ㄴ/는데도 불구하고

　1 가: 올해엔 왜 이렇게 과일값이 비싸죠?

　　　나: _____.

　　　　　　　　　　　　　　　　　　　　(가뭄, 나무들이 많이 말라 죽다)

　2 가: 한국 생활은 어때요?

　　　나: _____.

　　　　　　　　　　　(학교 친구들이 잘 챙겨 주다, 아직은 고향 생각이 많이 나다)

　3 가: 이 영화 홍보 많이 했었던 거 같은데 별 반응이 없네요.

　　　나: _____.

　　　　　　　　　　　　　　　　(기대, 배우들 연기가 어색해서 재미없다)

활동

활동 1. 토론을 위해 학력 차별과 관련된 단어를 말해 보세요. 단어의 의미를 모르는 사람이 있으면 뜻도 함께 설명해 주세요.

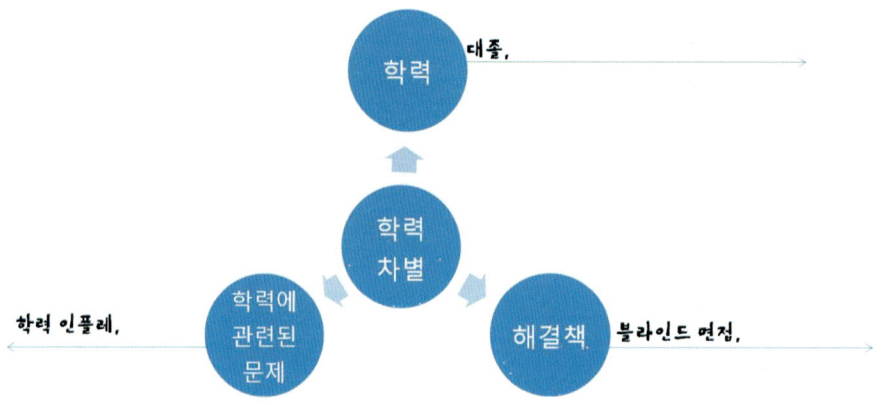

활동 2. 카드를 뽑아서 나온 상황에서 사용할 수 있는 표현을 정리한 후, 그 표현을 사용하여 토론 진행하기 연습을 해 보세요.

① 세 명씩 모둠을 만든 다음 상황 카드를 한 장 뽑으세요.
② [준비 1] 활동을 참고하여 뽑은 카드에 쓰여 있는 상황에서 진행자가 사용할 수 있는 표현을 찾아보세요. 다른 모둠의 친구가 조사한 표현도 물어봐서 가능한 다양한 표현을 찾아보세요.
③ 표현을 정리한 다음 한 명이 토론 진행자가 되고, 나머지 두 명은 토론자가 되어 ①에서 뽑은 상황을 가정하고 역할극을 해 보세요. 토론의 내용은 쉽고 재미있는 주제로 정하면 됩니다.
④ 모둠 활동이 끝나면 전체 친구들 앞에서 조사한 표현을 발표하고, 준비한 역할극을 해 보세요.

[토론을 시작할 때]

[토론 주제를 발표할 때]

[발언권을 줄 때]

[토론의 방향을 전환할 때]

[주제와 관련 없는 말을 할 때]

[토론을 정리할 때]

활동 3. 대학 진학이 필수라고 생각합니까, 선택이라고 생각합니까? 생각이 같은 두 명이 짝이 되어 대학 진학에 대한 주장과 근거를 말해 보세요.

주장	대학 진학이 필수라는 주장에 찬성합니까, 반대합니까?		
	근거 대학 진학이 필수라는 주장에 찬성 혹은 반대하는 이유는 무엇입니까?	**예상되는 반론** 당신과 다른 입장에 있는 사람들은 어떤 이유에서 대학 진학이 필수라는 주장에 반대 혹은 찬성합니까?	**반박** 당신과 다른 입장에 있는 사람의 생각을 반박할 수 있는 근거는 무엇입니까?
결론	대학 진학이 필수라는 주장에 대한 자신의 생각과 근거를 정리해 보세요.		

활동 4-1. 다섯 명씩 모둠을 만들어 대학 교육이 필수라는 주장에 찬성하는 사람과 반대하는 사람, 그리고 토론 진행자로 나눠 토론을 해 보세요.

찬성	반대

활동 **4-2.** 모둠 토론이 끝난 후에 토론자 6명과 진행자 1명을 뽑아 전체 토론을 해 보세요. 토론에 참여하지 않는 사람들은 토론 평가단이 되어 전에 정한 토론 평가 기준에 따라 토론을 평가해 보세요.

정리와 평가

1. 오늘의 '토론 왕'을 뽑아 보세요. 그렇게 생각한 이유도 함께 말해 보세요.

2. 다음 질문에 답을 하면서 나의 토론 실력을 확인해 보세요.

질문	잘함	보통	못함
토론을 원활하게 진행할 수 있었습니까?			
토론을 진행할 때 필요한 표현을 잘 사용할 수 있었습니까?			
토론자의 말을 이해하고 토론자의 진행에 따라 토론에 참여할 수 있었습니까?			
총평 및 보완점			

3. 토론의 내용을 바탕으로 대학 진학이 필수인가에 대한 자신의 주장과 근거를 말해 보세요.

이렇게 말하면 돼요.

내용 이해 질문

1. 학력이 높은 사람의 수가 많아 그 가치를 인정받지 못하는 현상
2. ④
3. ① 기회비용, ② 불이익과 차별, ③ 학력 인플레, ④ 사회적 제도, ⑤ 블라인드 면접, ⑥ 사회적 인식 변화

연습

1. 1 시선이
   2 스펙은
   3 방대하
2. 휩쓸리다
3. 예 1 예상과 달리 내용도 어려워서
   2 기대와 달리 손님이 별로 없어서
4. 예 1 이번 태풍으로 인해서
   2 누군가 버린 담뱃불로 인해서
5. 예 1 그렇게 시간이 많았는데도 불구하고
   2 몇 번이나 넘어졌는데도 불구하고
6. 1 가뭄으로 인해서 나무들이 많이 말라 죽었대요.
   2 학교 친구들이 잘 챙겨 주는데도 불구하고 아직은 고향 생각이 많이 나요.
   3 기대와 달리 배우들 연기가 어색해서 재미없거든요.

부 록

듣기 지문

듣기지문

제1과 채식, 최고의 식습관인가?

진수 : 제 거에는 햄이랑 베이컨은 빼 주세요.

은영 : 진수 씨 베이컨 좋아하잖아. 요즘 한약 먹어?

진수 : 아니요, 약 먹는 건 아니고 3개월째 채식 중이에요. 처음엔 건강을 위해서 시작했는데, 하다 보니 동물의 권리에도 관심을 갖게 돼서 계속하고 있어요.

은영 : 그래? 채식하면 힘들지 않아? 난 고기 안 먹으면 어지럽고 기운이 없던데. 건강을 위해서는 육류와 채소류를 골고루 먹는 게 더 좋지 않나?

진수 : 처음엔 힘들었는데 습관이 되니 괜찮더라고요. 단백질은 고기 대신 콩이나 견과류로 보충하면 되니까 영양에도 문제가 없고요. 고기 먹을 때보다 몸도 가벼워지고, 소화도 잘 되는 거 같아서 좋아요.

페이 : 하지만 그런 식물성 단백질이 동물성 단백질을 대체할 수는 없다고 하던데요. 그리고 육류 대신 단백질을 섭취하기 위해 콩을 너무 많이 먹게 되면 몸에 좋지 않다는 기사를 본 적도 있어요.

진수 : 그래도 고기를 먹을 때 생기는 단점보다는 채식의 단점이 적은 건 확실한 거 같아요. 그리고 육류 소비가 줄어들면 지금처럼 비좁은 우리에 동물들을 가둬 놓고 사육하는 비정상적인 축산 방식에서도 벗어날 수 있지 않을까요?

페이 : 그렇다고 아예 고기를 먹지 말아야 된다는 건 비약이 좀 심한 것 같지 않아요? 동물의 권리를 보장하기 위한 다른 방법도 분명히 있는데 채식주의자들 중에는 채식만이 유일한 방법인 것처럼 생각하는 사람들이 많은 것 같아요. 고기를 먹는 사람은 동물의 권리 따위엔 관심도 없는 사람으로 만드는 것도 조금 불쾌하고요.

은영 : 그건 그래. 그래서 채식에도 여러 단계가 있다고 들었어. 고기가 들어간 국물도 안 먹는 사람부터 생선과 유제품은 먹는 사람까지 다양하게 있다더라고. 심지어 주중에만 채식을 하고, 주말에는 고기를 먹는 주중 채식주의자도 있대.

진수 : 맞아요. 저도 채식을 하는 사람이지만 페이 씨 말대로 채식이 도덕적으로 우월하다는 생각은 잘못됐다고 봐요. 처음엔 그냥 건강 관리한다고 생각하고 가벼운 마음으로 시도해 보는 게 좋을 것 같아요.

페이 : 네. 그동안 채식이라고 하면 왠지 부담스러웠는데, 진수 씨 말을 듣고 보니 저도 한번 해 보고 싶어지네요.

제2과 육아, 전적으로 엄마의 몫인가?

진호 : 자넷 씨 아기 정말 예쁘더라. 지현 씨는 좋은 소식 없어요?

지현 : 지금 맡고 있는 일도 많고 해서 아직은 별로 아기 가질 생각이 없어요. 아이가 생기면 최소 1년은 아무것도 못 하고 육아에만 전념해야 되잖아요.

진호 : 아이를 낳으면 엄마가 육아에만 전념하는 게 당연한 거 아니에요? 어릴 때 엄마와의 애착 관계가 아이의 인생에 얼마나 큰 영향을 미치는데요. 일이야 아이 키워 놓고 얼마든지 다시 시작할 수 있잖아요.

지현 : 근데 복직이 그렇게 말처럼 쉽지도 않고, 또 아이가 초등학교 다닐 때까지는 돌봐 줄 사람이 필요하다 보니 아이를 돌봐 줄 마땅한 사람을 찾지 못하면 울며 겨자 먹기로 회사를 그만 둬야 할 수도 있으니까요.

진호 : 여자들이 다들 이런 생각을 가지고 아기 낳기를 꺼리는 게 문제예요. 며칠 전 기사를 보니까 한국이 세계 최저 출산율을 기록했다던데, 이런 식으로 인구가 줄어들면 어떻게 사회가 유지되고 발전될 수 있겠어요?

다니엘 : 아니 근데 아이 낳고 기르는 게 일하는 여자들한테 부담이 되기는 하죠. 솔직히 사회에서 해 주는 게 없잖아요. 팀장님, 그거 아세요? 직장 다니는 엄마들 사이에선 둘째 아이를 사직서라고 한대요. 그만큼 아직도 육아가 여자들한테 엄청난 부담이 된다는 거죠.

진호 : 아이를 낳고 기르는 건 여성이 경험할 수 있는 가장 큰 축복 중에 하나인데 그걸 부담이라고 하면 안 되죠. 아기가 얼마나 큰 기쁨을 주는데요.

다니엘 : 그야 그렇지만 남자인 제가 봐도 직장 다니는 엄마들 보면 얼마나 안쓰러운지 몰라요. 아기 낳고 우울증에 시달리는 여자들도 많다고 들었어요. 물론 아이를 낳고 기르는 게 신성한 가치라는 데에는 동의해요. 하지만 애를 직접 키우지 않으면 이기적이고 무책임한 사람처럼 바라보는 시선이 얼마나 견디기 힘들겠어요? 아이 때문에 어쩔 수 없이 일을 그만 둬야 하는 엄마들의 스트레스와 불안도 이해해 줄 필요가 있다고요.

진호 : 그렇다고 남자가 출산과 모유 수유를 할 수는 없잖아요? 그리고 아이는 엄마가 키워야 정서적으로 안정되고 건강해진다고도 하잖아요. 아이를 보면서 엄마들도 정서적으로 안정되고요. 신체적으로나 정서적으로나 아이는 엄마가 키워야 가장 건강하게 자랄 수 있어요.

지현 : 누가 예쁜 아이를 낳아 기르고 싶지 않겠어요? 왜 아이를 안 낳느냐고 비난하기 전에 정부에서 보육 시설 확대, 육아 도우미 지원 등과 같이 실질적인 도움을 줄 수 있는 제도를 먼저 마련해야 한다고 생각해요. 다들 저절로 아이를 낳고 싶은 마음이 들게 말이에요.

제3과 스마트폰, 진정 우리 삶에 유익한가?

나츠카 : 모하메드, 스마트폰 좀 그만 보면 안 돼? 우리 오랜만에 만났는데 얼굴 보고 얘기 좀 하자.

모하메드 : 아, 미안. 안 그러려고 그러는데 나도 모르게 자꾸 만지게 되네.

르 넷 : 그래, 정말 요즘엔 지하철에서 보면 열에 아홉은 고개를 푹 숙이고 스마트폰으로 뭘 하고 있더라. 어젠 커피숍 갔는데 옆에 앉은 사람들 보니까 스마트폰으로 사진 찍고, 게임하면서 각자 놀더라니까. 스마트폰 때문에 사람들이 같이 있어도 대화를 잘 안 나누는 거 같아.

모하메드 : 그래도 스마트폰 덕분에 우리 삶이 참 편리해졌잖아. 무거운 책을 안 들고 다녀도 한국어 공부를 할 수도 있고, 한국 드라마도 볼 수 있고……. 또 궁금한 게 생기면 언제든 인터넷 검색을 해서 바로바로 확인할 수도 있고. 난 정말 스마트폰이 없었을 땐 어떻게 살았나 싶어.

르 넷 : 편리해져서 좋긴 하지만 어떨 때 보면 주객이 전도된 느낌이 들어. 스마트폰은 어디까지나 더 나은 삶을 위한 도구가 되어야 하는데 지금은 스마트폰 없이는 아무것도 할 수 없는 바보가 돼 버린 거 같다니까.

나츠카 : 그래, 요즘은 정말 사람들이 지나치게 스마트폰에 의존하고 있는 거 같아. 오죽하면 '디지털 치매'라는 말이 나왔겠어? 예전엔 버스 노선이랑 전화번호 같은 건 잘 외우고 다녔는데, 요즘엔 스마트폰 안 가지고 나온 날에는 정말 아무것도 할 수 없다니까.

모하메드 : 검색하면 금방 알 수 있는 그런 정보를 굳이 기억할 필요가 뭐 있어? 그것보단 필요한 정보를 빨리 찾아낼 수 있는 능력이 더 중요하지.

나츠카 : 그렇기는 해도 스마트폰을 오래 사용하면 건강에도 안 좋잖아. 난 스마트폰을 쓰면서 눈이 너무 나빠졌어. 요즘 스마트폰 때문에 디스크다 뭐다 해서 여기저기 아픈 사람들이 많다잖아.

페르난도 : 그건 스마트폰을 무분별하게 사용하는 사람들 잘못이지 스마트폰 자체가 문제는 아니잖아? 술을 마신다고 모든 사람들이 다 알코올 중독자가 되는 건 아닌 것처럼 말이야. 적절하게 조절해 가면서 사용하면 스마트폰은 우리 삶에 참 유용한 도구라고 생각해.

나츠카 : 그렇기는 해. 그래도 이렇게 소중한 친구들을 만났을 땐 급한 일 아니면 스마트폰은 좀 안 썼으면 좋겠어. 우리 네 명이 자주 만날 수 있는 게 아니니깐 말이야.

르 넷 : 그래, 그건 네 말이 맞다. 우리 배고픈데 식사 주문부터 하자. 스마트폰은 식탁 가운데에다 다 모아 놓고 모임 끝날 때까지 안 쓰는 건 어떨까?

모하메드 : 좋아, 그러자.

제4과 외모도 경쟁력인가?

지 현 : 나 코 좀 높여 볼까? 수술하면 인상이 좀 좋아 보일 거 같은데…….

앤드루 : 글쎄……. 꼭 그렇게 성형수술까지 해야 돼? 지금도 예쁘고 괜찮아.

지 현 : 엊그제 뉴스에서 기업 인사 담당자들을 대상으로 설문 조사를 했는데 90% 이상이 채용을 할 때 외모를 중요하게 본다잖아. 외모도 경쟁력이란 말이 정말 맞나 봐.

안젤리 : 나도 비슷한 설문 결과를 본 적이 있기는 해. 대학생들 대상으로 한 설문이었는데, 98%가 외모가 경쟁력이라고 답을 했다고 하더라고. 솔직히 나부터도 예쁘고 잘생긴 사람한테 더 호감이 가는 건 어쩔 수가 없는데, 뭐.

페르난도 : 에이, 그건 어디까지나 첫인상이지. 같이 일을 하거나 생활해 보면 외모보다는 성품이나 능력이 더 중요하지 않나? 실제로 회사에서 원하는 사람은 예쁘고 잘생긴 사람이라기보다는 능력 있으면서 친화력 있고 성실한 사람이라니까. 외모는 참고만 하는 거지 절대적인 기준은 아니야.

지 현 : 사람을 판단하는 데에는 물론 성품과 능력이 가장 중요하지. 그런데 현대 사회에선 외모도 무시하지 못할 조건이 되고 있으니까 신경을 안 쓸 수가 없더라고. 솔직히 외모만큼 자기 관리의 분명한 척도가 되는 것도 없잖아.

앤드루 : 그런데 잘 생각해 봐. 첫 만남에서도 얼굴이 잘생기고 못생기고를 떠나서 밝은 표정으로 친절하고 상냥하게 말하는 사람한테 호감이 더 가잖아. 나는 아무리 예쁘고 잘생겨도 퉁명스러운 사람한테는 호감이 안 생기던데. 성형수술해서 인위적으로 외모를 가꾸는 시간에 차라리 한 번이라도 더 활짝 웃는 연습을 하는 게 더 낫지 않을까?

페르난도 : 맞아. 전에 한 연구소에서 직장인들을 대상으로 첫인상을 결정하는 요인에 관한 설문 조사를 했었는데, 얼굴 표정이라고 답한 사람들이 가장 많았어. 사람들이 외모나 체격, 옷차림보다도 더 중요하게 생각하는 게 얼굴 표정이라는 거지. 그런데 이 밝고 당당한 표정이라는 게 자신감과 적극적이고 긍정적인 태도를 가지고 있는 사람들한테서 나타나는 거잖아. 그러니 결국 외모보다는 능력과 성격이 더 중요하다고 할 수 있지 않겠어?

안젤리 : 듣고 보니 그렇네. 지현아, 너 성형수술하지 말고 그 시간에 면접 준비나 더 하는 게 좋겠다.

듣기지문

제5과 출석률, 성적에 반영해야 하는가?

교사 : 지금부터 출석률을 성적에 반영해야 할지에 대해 이야기를 나눠 보도록 하겠습니다. 출석률을 성적에 반영해야 한다고 생각하는 학생이 있으면 먼저 얘기해 주세요.

르넷 : 출석은 학생이 얼마나 성실한지를 판단할 수 있는 기준이 된다고 생각해요. 개근을 했다는 것은 계획된 교육과정을 모두 이수했다는 의미이자 게으름을 피우고 싶은 욕구를 참고 견뎌 냈다는 의미잖아요. 성실함은 학생의 기본이기 때문에 성적에 포함되어야 한다고 생각합니다.

다니엘 : 성실함이 과연 한국어 실력과 무슨 상관이 있을까요? 물론 성실한 사람이 한국어를 잘할 수 있지요. 그렇지만 성실하지 않아도 충분히 한국어를 잘할 수 있습니다. 한국어 수업에서는 한국어를 얼마나 잘하는지를 평가하면 되는 것이지, 그 사람이 얼마나 성실한 사람인지를 평가할 필요는 없다고 생각해요.

페이 : 저는 좀 생각이 다른데요. 강의를 듣고 주어지는 성적은 단순히 한국어 능력만을 기준으로 해야 한다고 생각하지 않습니다. 수업은 교사와 학생이 함께 완성하는 것이잖아요. 교사만큼이나 학생들에게도 수업에 성실하게 참여해야 할 의무가 있습니다. 학생들이 불성실하게 수업에 참여한다면 계획대로 수업을 진행할 수 없게 되고, 이로 인해 다른 사람에게도 피해를 주게 되니까요.

르넷 : 맞아요. 예전에 선생님께서 우리 반 학생 12명이 모두 수업에 참여할 것이라고 생각하고 여러 명이 있어야 할 수 있는 활동을 준비해 왔는데, 학생들이 결석을 많이 해 결국 그 활동을 하지 못하게 됐던 적이 있었어요. 그래서 그때 손해 아닌 손해를 봐야 했고 선생님도 애써 준비한 내용을 제대로 가르치지도 못하게 되셨죠. 결석한 학생 때문에 나머지 사람들이 이렇게 직접적인 피해를 받는데도 출석을 자율에 맡겨야 한다고 생각하시는 겁니까?

앤드루 : 그런 경우라면 교사는 다른 방법들을 융통성 있게 사용해야 한다고 생각합니다. 물론 학생들이 모두 수업에 참여하면 좋겠지만, 누구에게나 피치 못할 사정이 생길 수 있잖아요. 몸이 안 좋거나, 개인적으로 중요한 일이 생기거나 하는 상황은 누구에게나 일어날 수 있고, 그 경우엔 결석을 할 수밖에 없다고 생각해요. 그날의 수업 내용은 친구들의 도움을 받거나, 자습을 통해 보충하거나 해서 스스로 결과에 책임을 지면 되지, 강제적으로 출석을 해야 한다는 건 무리가 있는 얘기인 것 같아요.

페이 : 단순히 귀찮아서, 공부하기 싫어서, 심지어 날씨가 좋아서 놀러 가려고 수업에 빠지는 학생들도 상당히 많다는 것을 알지 않나요? 그게 습관이 되어 장기 결석을 하다가 결국 한국어 공부를 포기하게 되는 경우도 봤고요. 출석률이라는 평가 기준이 수업에 적극적으로 참여하여 공부를 계속하게 만드는 중요한 역할을 할 수 있다고 생각합니다.

다니엘 : 그런 이유라면 출석을 의무화하기보다는 수업에 자발적으로 참여할 수 있도록 만드는 다른 방법을 찾아야 하지 않을까요? 수업 시간에 와서 다른 생각만 하다가 가는 학생들도 결석하는 학생만큼 문제가 되니까요.

교사 : 두 의견이 팽팽한데요. 또 다른 의견이 없나요? (#잠시 침묵) 더 없으면 다수결로 결정을 하도록 하겠습니다. 출석률을 성적에 반영해야 한다고 생각하는 사람 손을 들어 보세요.

제6과 게임 규제, 자율권 침해인가?

사회 : 요즘 게임 중독이 사회적으로 큰 문제가 되면서 자정 이후에는 청소년들이 온라인 게임을 할 수 없도록 법으로 규제해야 된다는 주장이 제기되고 있습니다. 오늘은 '게임 규제, 자율권 침해인가?'라는 주제로 토론을 진행해 보도록 하겠습니다. 우선 청소년 대표로 나온 김준수 학생의 의견을 들어 보도록 하겠습니다.

김준수 : 게임을 하는 것은 개인의 자유입니다. 살인이나 사기와 같이 다른 사람에게 피해를 입히는 것이 아닌 한 그것을 국가가 강제할 수 있는 근거는 없습니다. 게임 시간은 어디까지나 청소년 스스로 혹은 그들의 가정에서 자율적으로 결정할 문제이지 국가가 나서서 규제해야 할 문제는 아니라고 생각합니다.

이주영 : 게임이 다른 사람에게 피해를 입히지 않는다고요? 미국에서 일어난 총기 난사 사건을 기억하십니까? 폭력적인 게임에 중독된 청소년이 그 게임을 모방해 저지른 범죄라고 고백해서 주목을 받았었죠. 한국에서는 게임 중독에 빠진 중학생이 게임을 그만하라고 꾸중하시는 부모님을 살해한 사건도 있었고요. 이런 사례들만 봐도 자제력이 부족한 청소년의 발달과 정서적 안정에 게임이 안 좋은 영향을 끼치는 것이 분명하지 않습니까?

박진우 : 게임이 정서적으로 청소년에게 부정적인 영향을 끼친다고 하셨는데요. 게임을 하는 사람 모두가 폭력적인 성향을 갖게 되는 것은 아닙니다. 일부 사례를 가지고 확대해석하는 것은 곤란하다고 생각합니다. 그리고 게임이 청소년에게 안 좋은 영향을 끼친다고 하셨지만 사실 순기능도 많습니다. 스트레스 해소에도 도움이 되고, 교육적 콘텐츠와 접목해서 흥미롭게 학습을 할 수 있도록 도와주기도 하고요. 그리고 두뇌 발달에 도움이 되는 게임도 많습니다. 그런 게임들도 모두 규제를 해야 한다는 말씀이십니까?

김유정 : 하지만 그러한 순기능은 청소년들이 자제력을 가지고 게임을 할 때에만 해당되는 이야기죠. 학교 공부는 안중에도 없고, 하루 종일 혼자 컴퓨터 앞에 앉아 게임에만 매달리는 청소년들이 얼마나 많은지 아십니까? 게임 중독에 빠진 청소년의 뇌는 마약 중독자의 뇌와 비슷하다고 합니다. 마약 중독을 우려하여 국가에서 마약을 금지하는 것처럼 게임도 중독의 위험성이 높으니 국가에서 제한을 해야 합니다.

김준수 : 물론 말씀하신 바와 같이 청소년들의 게임 중독은 심각한 수준입니다. 그런데 게임 중독을 해결하기 위한 방법이 강제적인 게임 제한법이 되어서는 안 된다는 말씀이죠. 법으로 게임 시간을 제한한다고 해서 게임 중독이 해결될 것이라고 생각하는 것은 착각입니다. 게임 중독의 근본적인 해결을 위해서는 강압적인 제재가 아니라 청소년 스스로의 중독 증세를 자각하고 적절한 치료를 받으려는 의지가 필요합니다. 근본적인 해결이 되지 않으면 부모님의 신분증을 사용해서 게임에 접속하는 등 온갖 편법을 활용해서 게임을 하려고 들 것이고, 그럼 결국 문제가 되풀이될 것이 뻔하지 않습니까?

사　회 : 지금까지 나눈 이야기를 종합해 볼 때 양측 모두 청소년 게임 중독 문제를 해결할 수 있는 방법이 필요하다는 의견에는 동의를 하고 있으신 것 같은데요. 그렇다면 현재 제기되고 있는 게임 제한법의 한계를 극복할 수 있는 구체적인 실천 방법을 중심으로 논의를 이어가 보도록 하겠습니다.

제7과 연예인의 사생활, 공개해야 하나?

사　회 : 이번 토론의 주제는 '연예인의 사생활, 공개해야 하나?'입니다. 연예인은 공인이기 때문에 사생활이 공개되어야 한다는 의견과 연예인도 국민의 일원이기 때문에 사생활을 보호받을 권리가 있다는 의견이 대립하고 있는데요. 우선 연예부 기자 대표로 나와 주신 정은지 기자의 의견을 들어 보도록 하겠습니다.

정은지 : 사생활은 개인의 사사로운 일상생활을 의미합니다. 이때 사사롭다는 것은 공적이 아닌 개인적인 범위와 관련이 있는데요. 공인인 연예인의 일상생활은 대중에게 미치는 영향력이 크기 때문에 공적인 범위에 속한다고 보는 것이 타당합니다. 우리 사회에서 일어나는 사건 사고나 정책 등에 대해서 알 권리를 주장할 수 있듯이 공적인 범위에 속하는 연예인의 사생활에 대해서도 당연히 알 권리를 주장할 수 있다고 생각합니다.

김　훈 : 연예인이 공인이라고 하셨는데, 공인의 사전적 정의는 공적인 일에 종사하는 사람입니다. 공무원이나 정치인 같은 사람들이 공인이지, 개인의 이익과 명예를 위해 일하는 연예인은 공인이 아니죠. 따라서 연예인들이 대중에게 미치는 영향력이 아무리 크다고 할지라도 그들의 사생활은 공적인 범위가 아니라 개인적인 범위에 속한다고 보아야 합니다. 대중들이 알 권리를 내세워 굳이 밝히고 싶지 않은 사생활을 알아내려고 연예인을 괴롭히는 것은 명백한 사생활 침해입니다.

이지현 : 연예인의 영향력이 커짐에 따라 그들도 공적인 인물, 즉 공인으로 볼 수 있다는 판례가 있었습니다. 일반 대중과 달리 연예인의 사생활은 연예인의 인기와 경제적 가치를 결정짓는 중요한 요인이라는 게 그 증거죠. 화려한 이미지의 가수 한 명은 불우한 어린 시절을 겪으면서도 좌절하지 않고 가수의 꿈을 키워 왔다는 사실이 밝혀진 이후에 인기가 급상승했죠. 덕분에 앨범도 성공하고, 돈도 많이 벌었고요. 반대로 인기가 많던 배우 한 명은 문란한 사생활이 밝혀져 사회적 지탄을 받고 영화 출연도 취소됐고요. 대중들은 단순히 연예인의 능력만 보는 것이 아닙니다. 그들의 능력과 더불어 사생활을 통해 드러나는 성품도 중요한 매력으로 생각합니다. 그리고 이러한 매력은 경제적인 이익과 연결되고요.

김수현 : 물론 그렇습니다. 하지만 중요한 것은 자신의 사생활을 상품화할 것인지 말 것인지도 연예인 스스로 결정해야 한다는 것입니다. 마치 우리가 공개하고 싶은 사생활만을 선택하여 SNS에 올리듯이 말이죠. 연예인의 사생활이 공개되는 범위는 일반인과는 엄청난 차이가 있습니다. 내가 어디 가서 뭘 하는지, 누구를 만나는지 일거수일투족이 내가 알지도 못하는 불특정 다수의 사람들에게 노출된다고 생각해 보십시오. 그리고 감추고 싶은 나의 과거 연애 경험을 비롯한 개인사를 전 국민이 다 알고 있다면 얼마나 끔찍하겠어요? 게다가 이러한 사생활은 입에서 입으로 퍼져나가면서 왜곡되는 경우가 대부분입니다.

김　훈 : 맞습니다. 그리고 사생활이 공개되었을 때 연예인의 가족과 주변인이 받는 고통과 불편함도 만만치 않습니다. 연예인 자신은 본인이 선택한 직업이기 때문에 그런 일을 겪어야 한다고 하더라도 지인들은 그런 일을 겪어야 할 아무런 이유가 없다고 생각합니다. 다시 한 번 말씀드리지만 연예인 역시 사생활을 보호받아야 하는 국민의 한 사람으로서 범죄를 저지르는 등의 특수한 경우를 제외하고는 원하지 않는 사생활이 알 권리라는 명목하에 타의에 의해 공개되어서는 안 된다고 생각합니다.

제8과 가정에서의 체벌, 교육인가? 폭력인가?

사　회 : 오늘은 '가정에서의 체벌, 교육인가? 폭력인가?'를 주제로 토론을 진행해 보도록 하겠습니다. 한국을 비롯한

듣기지문

동양에서는 사랑의 매라는 이름으로 가정 내 체벌을 자녀 교육의 한 방법으로 생각해 왔습니다. 반면에, 서양에서는 약자에 대한 폭력으로 간주하여 엄격하게 처벌하고 있습니다. 과연 가정에서의 체벌을 어떠한 측면에서 봐야 할 것인지, 우선 전국학부모모임 박진호 대표님의 입장의 의견을 먼저 들어 보도록 하겠습니다.

박진호: 영국 속담에 매를 아끼면 자식을 버린다는 말이 있습니다. 자녀가 보다 나은 방향으로 성장할 수 있게 하기 위해서는 체벌이 좋은 훈육 방법이 될 수 있다는 의미입니다. 자기 목숨보다 더 소중한 자식을 위해 매를 들어야 하는 부모의 마음은 맞는 자식보다 더 아프고 괴로울 겁니다. 그럼에도 불구하고 자식의 잘못된 행동을 교정하여 바른 사람으로 자라나길 바라는 마음에서 매를 드는 것이지요. 가정에서의 체벌은 이러한 선한 동기에서 시작되기 때문에 폭력과는 분명하게 구분되어야 한다고 생각합니다.

이지현: 사랑이 전제되었기 때문에 가정에서의 체벌이 인정되어야 한다고 하셨는데, 체벌의 목적이 무엇입니까? 말씀하신 바와 같이 자녀들이 잘못된 행동을 반복하지 않도록 교육하기 위한 것이지 않습니까? 하지만 체벌 자체가 가지고 있는 폭력성 때문에 아이들은 자신의 잘못을 진정으로 뉘우치기보다는 그 상황을 모면하고자 뉘우치는 척하는 경우가 대부분이라는 게 문제지요. 그런 아이들은 부모의 눈을 피해 얼마든지 다시 그런 행동을 할 수 있습니다. 이런 상황에서 체벌을 통한 교육적 효과를 기대하기 힘들지 않겠습니까?

김 훈: 물론 체벌을 하기에 앞서 말로 충분하게 타일러야 한다고 생각합니다. 하지만 계속해서 아이의 행동이 개선되지 않을 때에는 체벌을 통해서라도 교정이 이루어져야 한다는 거지요. 체벌이 금지되고 벌점제도가 도입된 학교의 모습을 한번 보십시오. 학생들이 선생님에게 반항하고, 경찰을 부르고…… 교사의 권위가 무너져 버려 그 누구도 아이들의 잘못된 행동을 교정할 수 없는 상태가 되어 버렸습니다. 가정에서의 체벌마저 금지한다면 가정에서고 학교에서고 그 어디에서도 아이들의 잘못된 행동을 바로잡아 줄 수 없게 될 것입니다.

정재민: 체벌을 훈육의 마지막 방법으로 생각하시는 것은 체벌이 가지고 있는 단점을 충분히 인지하고 있기 때문이 아닐까요? 대부분 부모들의 감정이 격해진 상황에서 체벌이 이루어지기 때문에 본래 의도했던 교육적 효과를 얻기가 어렵습니다. 오히려 부모에 대한 두려움만 커지게 되는 역효과를 낳게 되는 경우가 많죠. 그리고 폭력은 폭력을 낳는다는 말처럼 체벌이 습관이 되면, 아이들은 특정 목적을 달성하기 위해 신체에 고통을 가하는 것이 정당하다고 믿게 될 수도 있습니다.

박진호: 네, 체벌이 완벽하고 이상적인 방법이 아니라는 데에는 저도 동의합니다. 그래서 가급적이면 체벌은 지양되어야 하지만 경우에 따라선 체벌이 필요할 때가 분명히 있다는 것이죠. 감정이 실린 무차별적인 폭력이 아니라 정해진 절차를 거쳐 아이 스스로 자신의 잘못을 인정하고 반성하게 만들 수 있는 훈육 방법의 하나로서 체벌이 인정되어야 합니다.

사 회: 체벌의 교육적인 효과에 대한 논의를 하고 있는데요, 체벌의 강도와 방법이 큰 변수가 될 것 같습니다. 이제부터는 폭력과 체벌을 구분하는 기준에 대해 말씀을 나눠 보도록 하겠습니다.

제9과 동거, 결혼 제도의 대안인가?

사 회: 지금부터 '동거, 결혼 제도의 대안인가?'라는 주제로 토론을 시작하도록 하겠습니다. 혼전 동거는 결혼이라는 제도를 통하지 않고 남녀가 한집에서 부부 관계로 사는 것을 의미합니다. 동거에 대한 인식과 생각은 문화마다, 세대마다 제각각인데요. 우리가 동거 문제를 어떻게 인식하고 받아들여야 할지 의견을 나눠 보도록 하겠습니다. 누가 먼저 말씀해 주시겠습니까?

김 훈: 러시아 속담에 이런 말이 있습니다. 싸움터에 나갈 때는 한 번 기도하고, 바다에 나갈 때는 두 번 기도하라. 그리고 결혼할 때는 세 번 기도하라. 결혼 생활을 잘 유지해 나가는 것이 그만큼 어렵다는 걸 뜻하는 말이죠. 그래서 결혼을 결정하기 전에 서로에 대해 잘 알 수 있는 기회를 갖는 것이 필요한데요. 바로 동거가 그러한 역할을 할 수 있다고 생각합니다. 동거를 통해 상대방을 보다 잘 이해할 수 있고, 상대에 대한 확신을 가질 수 있게 되니까요. 두 사람이 서로 만나서 데이트를 하고, 대화를 나누는 과정을 거친 다음에 연애를 시작하듯이, 동거는 결혼을 결정하기 전에 두 사람이 잘 살 수 있는지를 미리 경험해 보는 필수적인 절차라 생각합니다.

뚜 이: 꼭 동거라는 과정을 거쳐야만 상대를 잘 알아 갈 수 있다고 생각하십니까? 동거 후 결혼한 커플들의 이혼율이 더 높은 거 아세요? 미국 덴버대학교의 연구 결과에 따르면, 결혼 전에 동거를 한 커플이 그렇지 않은 커플에 비해 결혼 생활에 대한 만족도가 더 낮다고 합니다. 동거가 성공적인 결혼 생활을 보장해 주지 못한다는 걸 보여 주는 연구 결과가 아니겠습니까?

앤드루: 저는 개인적으로 동거가 반드시 결혼을 전제로 할 필요는 없다고 생각합니다. 동거 자체가 결혼 제도를 대신할 수 있는 새로운 형태의 가족 제도가 될 수 있다고

보는 거죠. 프랑스의 빡스라는 제도를 들어본 적 있으세요? 빡스는 결혼을 하지 않고 동거를 하는 커플에게 법적 지위를 인정해 주는 제도입니다. 최근 프랑스에서 동거 커플에 대한 실태를 파악하고자 대규모 연구가 이루어졌는데 빡스가 활성화된 이후 출산율이 증가하였다고 합니다. 프랑스 사례를 통해 알 수 있다시피 동거 커플에 대한 사회적 인식과 법적 안정성이 확보된다면 사랑하는 사람과 함께 살고 싶은 자연스러운 욕구를 충족시킬 수 있는 동시에 요즘 이슈가 되고 있는 저출산 등의 사회적 문제 해결에도 긍정적인 영향을 끼칠 수 있을 것이라고 봅니다.

페 이 : 바로 그 법적 안정성과 자녀 출산 및 양육을 위해서 결혼이라는 제도가 있지 않습니까? 엄연히 존재하는 결혼 제도를 두고 왜 굳이 동거가 결혼 제도의 대안이 되어야 한다는 것인지 납득하기 힘듭니다.

앤드루 : 동거와 결혼은 엄연히 다른 제도니까요. 동거는 사랑하는 개인과 개인이 한 가정을 이루는 것이지만, 결혼은 거기에 가족과 가족의 결합이 더해지잖아요. 배우자 가족과 크고 작은 갈등을 겪는 경우를 주변에서 쉽게 접할 수 있지 않습니까? 개인의 행복이 최고로 중요하다고 생각하는 사람들에게는 당사자들 간의 관계에 집중할 수 있는 동거가 더 좋은 선택이죠. 이제는 결혼이든 동거든 개인의 가치관에 따라 자신에게 적합한 형태의 제도를 선택할 수 있도록 열린 자세를 취해야 한다고 생각합니다.

제10과 대학 교육, 선택인가? 필수인가?

사회 : 제3회 외국인 토론 대회 준결승전 주제는 '대학 교육, 선택인가? 필수인가?'입니다. 먼저 '토론은 나의 힘' 팀의 의견을 들어 보도록 하겠습니다. 발언 시간은 1분입니다.

페이 : 대학 교육은 초·중등 교육과는 달리 고도의 전문적인 지식이나 기술을 익히고자 하는 사람들을 위한 선택적 교육 과정입니다. 차별적 시선과 시대의 흐름에 따라 휩쓸리듯 결정하기에는 거기에 들어가는 시간과 노력, 경제적 비용, 그리고 그 시간에 보다 값진 경험을 할 수 있는 기회비용이 방대합니다. 그렇기 때문에 대학 교육을 통해 얻고자 하는 바가 분명하고, 이러한 기회비용을 지불하면서까지 대학 교육을 받겠다는 강한 의지가 있을 때에만 대학 진학을 선택하는 것이 합리적인 판단이라고 생각합니다.

사회 : 찬성 측 의견 잘 들었습니다. 이어서 '토론 왕' 팀의 의견을 들어 보겠습니다. 마찬가지로 시간은 1분 드리겠습니다.

모하메드 : 여러분들은 한국 사회에서 고졸자들이 어떤 사회적 편견과 불이익을 받는지 알고 계십니까? 고졸 출신으로 취업에 성공한 10명 중 4명이 회사에서 받는 불이익과 차별 때문에 고졸 취업을 후회한다고 하였습니다. 실제로 이렇게 차별이 존재하는 한은 누구라도 대학에 진학하려고 하지 않겠습니까?

나츠카 : 그러한 차별을 없애려는 노력을 해야지 차별받지 않겠다고 불합리한 현실과 타협해서는 안 된다고 생각합니다. 북유럽의 통계에 따르면 29%만이 대학에 진학하여 전문적 지식을 익히는 것만으로도 한 사회가 유지되는 데 문제가 없다고 합니다. 그런데도 몇몇 국가에서는 대학을 반드시 가야 한다는 잘못된 인식으로 인해 학력 인플레가 문제가 되고 있는 걸 모두 잘 아시잖아요.

앤드루 : 물론 학력 인플레는 반드시 해결되어야 할 문제입니다. 그런데 북유럽의 사례는 한국을 비롯한 아시아 국가와는 다르지요. 북유럽이야 대학을 가지 않아도 차별을 받지 않는 사회적 제도가 마련되어 있으니 진정으로 학문 탐구를 하고 싶은 사람들만 대학에 진학하지만, 아시아는 현실이 그렇지 않잖아요. 현실을 외면하는 이상적인 생각만으로는 아무런 변화도 이끌 수 없다고 생각합니다.

페이 : 현실이 이렇다고 해서 분명한 문제가 있는데도 불구하고 거기에 순응하는 것이 과연 최선일까요? 현실의 문제를 보완할 수 있는 제도적 장치를 마련하여 더 나은 방향으로 사회를 변화시켜야 하지 않겠습니까?

사회 : 대학 진학이 진정한 선택이 되기 위해서는 고졸자에 대한 사회적 인식과 제도 개선이 필요하다는 원론적인 논의가 반복되고 있는데요. 다른 근거는 없으십니까? (#3초 침묵) 그렇다면 사회적 인식의 변화를 도모할 수 있는 구체적인 방안과 관련된 논의로 넘어가 보도록 하겠습니다.

모하메드 : 저는 고등학교 때부터 전문적인 기술을 익혀 졸업 후에 바로 현장에 투입될 수 있도록 전문 기술자 양성을 위한 고등학교를 만들고, 그에 대한 적극적인 지원을 해 줘야 한다고 생각합니다. 그리고 기업에서도 입사 면접을 볼 때 학력과 스펙을 보지 않는 블라인드 면접을 확대해서 학력이 아닌 실력으로 공정하게 평가받을 수 있는 장치를 마련해야 할 것입니다.

나츠카 : 저는 전문적인 기술이 필요한 직업군에 대한 사회적 인식이 바뀔 수 있도록 노력을 해야 한다고 생각합니다. 미용사나 요리사처럼 이론보다는 전문적인 기술이 더 중요한 일은 아무나 할 수 있는 것이 아니라 오랜 훈련을 통해서만 가능하다는 인식을 심어 줘야 합니다. 이를 위해 급여를 대졸자 이상으로 올리고, 근무 환경을 쾌적하게 바꾸기 위한 지원이 필요합니다. 그러면 점차적으로 그 직업에 대한 사람들의 인식도 바뀌게 될 것이고, 더 이상 차별받지 않기 위해서 대학에 진학하는 일도 없어질 것이라고 생각합니다.

사회 : 양 팀의 의견 잘 들었습니다. 지금까지 '대학 교육, 선택인가? 필수인가?'를 주제로 열띤 토론을 해 주신 두 팀에게 감사를 드리며, 이상으로 토론을 마치도록 하겠습니다.

저자, 박민신

현 서울대학교 국어교육연구소 연구원
2009년~2011년, 이집트 Ain-shams University 한국어학과 강사
2007~2009년 · 2011~2012년, 명지대학교 국제교육원 한국어학당 강사

2014년, 서울대학교 국어교육과 한국어교육 전공 박사과정 수료
2008년, 서울대학교 국어교육과 한국어교육 전공 석사 졸업
2006년, 서울대학교 국어교육과 학사 졸업

공저(2011), 『외국인 유학생을 위한 학술적 글쓰기』, 한국학중앙연구원출판부

삽화, 김성필

KOREAN SPEAKING Advanced 4 - Discussion

초판인쇄	2015년 3월 20일
초판발행	2015년 3월 25일
저자	박민신
회장	엄호열
펴낸이	엄태상
펴낸곳	한글파크
등록일자	2000년 8월 17일
등록번호	1-2718호
주소	서울시 종로구 자하문로 300 시사빌딩
전화	내용문의 (02)764-1009
	주문문의 (02)3671-0555
팩스	(02)3671-0500
홈페이지	http://www.langpl.com
이메일	info@langpl.com
ISBN	978-89-5518-261-3 14710 978-89-5518-078-7 (set)

* 한글파크는 랭기지플러스의 임프린트사이며, 한국어 전문 서적 출판 브랜드입니다.
* 이 교재의 내용을 사전 허가 없이 전재하거나 복제할 경우 법적인 제재를 받게 됨을 알려 드립니다.
* 잘못된 책은 구입하신 서점이나 본사에서 교환해 드립니다.
* 정가는 표지에 표시되어 있습니다.